中华 爱国 人物故事
ZHONGHUA AIGUO RENWU GUSHI

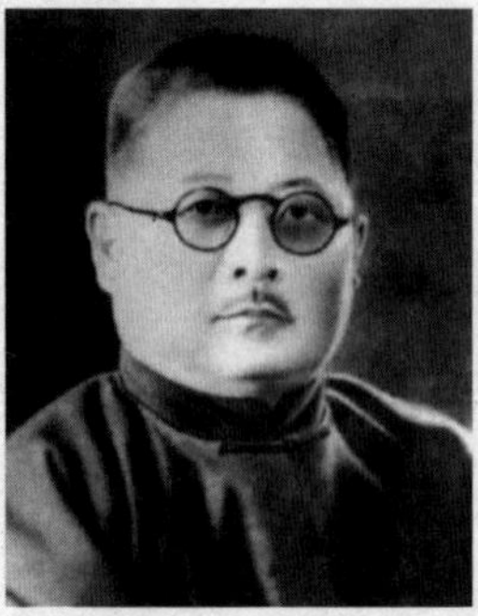

恨不抗日死的将军吉鸿昌

崔丽娜 编著

吉林人民出版社

图书在版编目(CIP)数据

恨不抗日死的将军吉鸿昌/崔丽娜编著.--长春：
吉林人民出版社,2011.5
（中华爱国人物故事）
ISBN 978-7-206-07844-6

Ⅰ.①恨… Ⅱ.①崔… Ⅲ.①吉鸿昌（1895～1934）
－生平事迹 Ⅳ.①K825.2

中国版本图书馆CIP数据核字(2011)第075696号

恨不抗日死的将军吉鸿昌
HEN BU KANGRI SI DE JIANGJUN JI HONGCHANG

编　　著：崔丽娜
责任编辑：王　斌　　　　　　封面设计：七　洱
吉林人民出版社出版 发行（长春市人民大街7548号 邮政编码:130022）
印　　刷：鸿鹄(唐山)印务有限公司
开　　本：670mm×950mm　　1/16
印　　张：8　　　　　　　　字　　数：70千字
标准书号：ISBN 978-7-206-07844-6
版　　次：2011年5月第1版　　印　　次：2023年6月第4次印刷
定　　价：35.00元

如发现印装质量问题,影响阅读,请与出版社联系调换。

总序

胡维革

《中华爱国人物故事》是一套故事丛书。它汇集了我国历史上80位古圣先贤、民族英雄、志士仁人、革命领袖、先进模范人物的生动感人史迹，表现了作为中华民族优秀传统的伟大的爱国主义精神。

爱国主义是人们对于"生于斯、长于斯、衣食于斯"的祖国的一种神圣感情，是人们对于自己民族的一种强烈的责任感和使命感，是感召和激励整个中华民族的一面永不褪色的旗帜。在漫长的历史上，爱国主义一直激励着中华儿女为祖国的独立、统一、进步和繁荣而英勇奋斗。从伟大的思想家教育家孔子到统一全国的千古一帝秦始皇，从秉笔直书著《史记》的司马

◆ 中华爱国人物故事

迁到鞠躬尽瘁死而后已的诸葛亮,从伟大的浪漫主义诗人李白到精忠报国的民族英雄岳飞,从七下西洋传播友谊的郑和到抗击倭寇的民族英雄戚继光,从苟利国家生死以的林则徐到为变法流血的第一人谭嗣同,从威震敌胆的抗联将军杨靖宇到人民音乐家聂耳与冼星海,从踏遍青山人未老的李四光到万婴之母林巧稚,从县委书记的好榜样焦裕禄到情系雪域献身高原的孔繁森……都表现出了强烈的爱国主义精神。正是由于热爱祖国的人们前仆后继地奋斗,国家和民族才得以生存,历经一次次历史危急关头而能转危为安,走向兴盛和富强,从而屹立于世界民族之林。爱国主义是鼓舞中华儿女历经忧患、跨越沧桑、百折不挠、自强不息的伟大力量,它贯穿于中华民族的整个历史,并有力

总序

地凝聚着五洲四海的中国人。

　　爱国主义是一个历史的范畴,在社会发展的不同阶段、不同时期有着不同的具体内容。革命时期,需要我们为祖国的独立自主出生入死;建设时期,需要我们为祖国的繁荣富强增砖添瓦;在全国各族人民团结一心建设富强、民主、文明、和谐的社会主义现代化国家的今天,我们要争做一名新时期的爱国者。新时期的爱国者要有强烈的民族自尊心和自豪感。民族自尊心和自豪感是任何时期任何爱国者都必须具备的情感。民族自尊心能增强我们自立向上的恒心,民族自豪感能树立我们建设祖国的信心。要树立"祖国高于一切"的崇高信念,为了祖国和人民的利益不惜抛却个人的利益,甚至不惜牺牲个人的生命。要树立终身学习的理念,拓

◆ 中华爱国人物故事

宽自己的知识面，广泛吸收新知识新技术，完善自身的知识结构，更新学习知识的方法与理念，从思想上、知识上充分武装自己，为祖国的繁荣昌盛贡献力量。

爱国主义思想的继承和发扬，是关系到民族盛衰、国家兴亡的根本问题。一代代人爱国主义思想情操的形成，需要不断地培养。培养爱国主义的一个重要途径是向爱国主义的英雄人物和典范事迹学习。这套丛书的出版，对于人们向英雄和先进人物学习，特别是对于在中小学生中进行爱国主义教育，将可提供一些生动的教材。祝愿此书出版发行成功，为培养"四有"新人做出贡献。

于2011年4月23日

世界读书日

编委会

策　划： 胡维革　吴铁光
　　　　　林　巍　李达豪
主　编： 胡维革　邢万生
副主编： 贾淑文　吴兰萍
编　委：（按姓氏笔画为序）
　　　　　于二辉　门雄甲
　　　　　刘士琳　刘文辉
　　　　　孙建军　李相梅
　　　　　李艳萍　杨九屹
　　　　　谷艳秋　陈亚南
　　　　　隋　军　韩志国

目录
CONTENTS

◎ 012　少年时代

◎ 017　"扁担楞"与"吉大胆"

◎ 023　率师响应北伐

◎ 033　为做事而做官

◎ 037　吕潭兴办学校

◎ 040　保西北，促团结

◎ 050　感悟苏区之行

目录。
CONTENTS

被迫出国"考察" 059

重获政治新生 070

好男儿舍身报国 077

高举抗日义旗 094

英雄英勇就义 106

吉鸿昌被刺真相 116

吉鸿昌题词轶事 123

少年时代

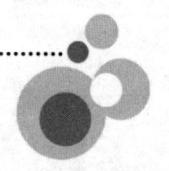

吉鸿昌（1895—1934），原名恒立，别号世五，1895年10月18日出生于河南省扶沟县吕潭镇的一个贫苦的农家。就在这年，正逢清朝甲午战败，被迫与日本签订了丧权辱国的《马关条约》。这标志着帝国主义列强对中国的侵略进入了一个新的阶段，从此，中国的半殖民地化进一步加深，民族危机日益严重。与之相应，中国人民反帝反封建的斗争浪潮也更日趋高涨。

吉鸿昌的家乡吕潭镇位于贾鲁河畔，当时是豫东皖北远近闻名的水陆码头。明清以来数百年间，这里一直是一个舟车辐辏、商旅云集的繁华所在。父亲吉筠亭，因家境贫穷，将仅有的十亩地也典押出去了。为了全家人的生计，在镇上开了个小茶馆，养家度日。他还粗通医道，常为穷人看病，分文不取，因而很受乡里尊重。人们有什么解不开的结、断不了的纠纷，都愿意找他来评理，他总是仗义执言、公平处理，并时常对大家说，"处事为人秉忠良"。由于吉筠亭性格豪爽，为人急公好义，从年轻时就对镇上的土豪劣绅不买账，镇上一些为富不仁的土豪劣绅都视他为眼中钉，一次他们纠集了一帮人，带着凶器找上门来，吉筠亭在几个乡亲的帮助下才得以脱身。

由于吕潭镇是贾鲁河上南通北达的商业中心，外界的消息和各种思潮很容易流传到这里。加之吉筠亭天性豁达，平日茶馆里来客川流不息，经常接触到一些南来北往的爱国志士，有时在一起交谈，他虚怀壮志，不知疲倦。这些使他痛恨清朝的腐败，深感中日甲午之战战败之耻，拥有强烈的反帝爱国主义思想，具有强烈的民族意识。吉筠亭的"国家兴亡、匹夫有责""做官即不许发财""不媚官长、不畏豪强""处世为人秉忠良""冬练三九、夏练三伏"等种种教诲，对幼年的吉鸿昌以至他的一生都产生了深刻的影响，日

吉鸿昌

久天长，在吉鸿昌幼小的心灵里播下了爱国思想的种子。

吉鸿昌6岁丧母。由于家庭的贫穷，他只能在劳动之余，到乡塾里旁听先生讲课，认了不少字，也能读一些书。他爱读历史及民族英雄的故事。他经常给街坊邻居讲岳飞、文天祥、戚继光等民族英雄的故事，他经常是言词慷慨，情绪激动。

为了维持家庭生活，吉鸿昌很小就参加劳动，经常帮助父亲拾柴火、拣庄稼，提着篮子上街卖烟丝，农活忙时还当上半拉子主角。稍长，就去帮助父亲照看茶馆，帮助父亲捉蝎子、做药膏、替穷苦乡亲治病。他从不向贫困低头，更不向仗势欺人的地主恶少俯首，看到地主恶少对穷人孩子寻衅欺凌，他就挺身而出，打抱不平。吉鸿昌身上所特有的这种"人穷志不穷""人少志不小"的气质，幼年时代就常常受到乡邻的称道。

1909年春，家里已难苦撑，吉鸿昌便离家到扶沟县城松盛楼首饰店做银匠学徒。虽然如同进了牢笼一样，失去了自由，但吉鸿昌有一股子倔强脾气，既进店门，学不到一点技术他是不甘心的，硬是偷着学会了识别银子的成色和制作麻花手镯和耳环等首饰。但是好景不长，吉鸿昌不会偷工减料，拒绝以次充好，经常受到店主的训斥和责骂。

一天晚上，外面刮着刺骨的寒风，仅有的薄被难抵寒冷的侵袭，吉鸿昌不得不靠近炉灶和衣而卧，当他昏昏沉沉地进入梦乡时，竟把棉絮烤焦，差点酿成火灾。吉鸿昌因此遭到责骂，一气之下，他借口回家取衣服，告别了银楼的学徒生涯。

　　1911年春天，吉鸿昌来到离家一百多里路的周口镇增盛合杂货行里当学徒。然而，杂货行的学徒生活并不比首饰店好。老板见他长得粗壮有力，除让他干学徒应做的事情之外，又增加了担水、劈柴、刷锅、喂猪等很多繁重的体力活，受尽了老板的辱骂欺凌，这些他都忍了，但是掌柜的"生意经"和掺假的"学问"让吉鸿昌十分反感。尤其是掌柜逼着他往酒坛、醋缸、酱油桶里掺水，他讨厌这骗人的勾当，因而一次次招来了掌柜的

吉鸿昌烈士故居

责罚和辱骂。这些使吉鸿昌大有所晤：为富不仁、为官盘剥、为商必奸，这大概就是老百姓穷苦的根源吧。

　　早年这种被压在社会最底层的苦难生活，奠定了吉鸿昌对劳动人民浓厚的感情，他看到了社会的黑暗，也使他更加同情劳苦人民。

　　吉父常在茶馆里与客人谈论岳飞、文天祥等英雄豪杰、爱国志士的故事，在吉鸿昌幼小的心灵里播下了爱国思想的种子。

"扁担楞"与"吉大胆"

受父亲家教影响,加之生活磨炼,吉鸿昌自幼就刚直倔强,爱伸张正义,打抱不平,不肯被人欺负,时常与别人打架。每次在外面打架闯祸,吉父知道后往往抡着扁担追着揍他,所以少年时代的吉鸿昌有个外号叫"扁担楞"。

关于吉鸿昌"吉大胆"的绰号则要从下面的故事说起:

吉鸿昌回到吕潭镇,一面种地一面捕鱼捉虾,转眼已17岁。这年端午节,吕潭镇几家地主为了摆阔气,标榜自己乐善好施,凑钱办了一台大戏。地主少爷便借此机会拉起了秋千架子,并叫人用长竹梯爬到近处一棵大树上,把一个红纸包挂在树梢上。管家传地主的话,谁能荡秋千上去把那个纸包拿下来,里面的点心就归谁,另外赏5块大洋。穷人们素知地主老财心黑,不理睬他们的把戏。这时,几个孩子跃跃欲试,没有一个能把秋

千荡到树梢那么高。管家辱骂了他们一顿后，又催促其他人来试试。

当吉鸿昌路过这里时，他问明了情况后，立即腾上秋千。他双臂用力，两脚猛蹬，几下就把秋千荡高到树梢上，把纸包拿到了手里，旁观的人纷纷喝彩。吉鸿昌打开纸包一看，里面竟是驴粪。他愤怒地冲到地主的看桌前，把驴粪扔到了他们脸上、身上。几个狗腿子慌忙上来抓他，但被他一一打翻在地。

"这小伙子胆子真大，连地主老爷也敢惹！"乡亲们觉得为他们出了口气，纷纷赞扬道。

1912年，清朝被推翻，建立了中华民国，这一巨变，对一般老百姓来说，只不过是死水微澜。吉鸿昌却燃起了一种摆脱枷锁、冲破牢笼的激情。

投军，是吉鸿昌接受新鲜事物的具体表现。

1913年秋天，吉鸿昌向父亲表达了要当兵的愿望。父亲

吉鸿昌铜像

对此并不感到意外，因为吉鸿昌曾多次表示过："大丈夫要有不惜五尺血肉之躯，报效国家的壮志！"就这样，1913年8月，吉鸿昌带着父亲从箱底拿出的一块银圆离开了家乡，步行到郾城，准备投军。这时，冯玉祥正在郾城一带招兵。吉鸿昌阅读了墙上张贴的告示："本部为京卫军左翼第一团，团长冯玉祥，兹奉命来此招募兵员，招收对象为农工良民，凡身无暗疾，年龄在十八至二十五岁，身高四尺八寸，品行端正，本人自愿，家长同意者，均为合格招收对象。"冯玉祥挑选新兵比较严格，招募人员总要摸摸新兵手掌上有无老茧子，是否劳动阶层，再看看品行是否端正。由于吉鸿昌身材魁梧，英姿威严，谈吐忠实厚诚，手掌上又有厚茧子，很快被招募人员选中了。从此吉鸿昌开始了他的戎马生涯，那时，他还不满18岁。

冯玉祥

吉鸿昌来到冯玉祥部队后，22岁就当上连长，以后升任营长、团长、旅长、师长，直至军长。冯玉祥信任他，喜欢他吃苦耐劳、作战勇敢、冲锋陷阵、奋不顾身、为人正直的精神品质。在冯玉祥面前，他有什么说什么，毫不顾忌，叫他"吉大胆"是对他的真实写照。

人们称冯玉祥为"基督将军"，这是因为他把基督教引入军队，每当星期日，全体官兵都要集合听牧师宣讲教义。他以基督教作为团结部队的工具，全体官兵都要领洗入教，以此来维系军队。同时他宣称，这支军队是"老百姓的军队"，因而常常引起人们的非议，军队也易为帝国主义分子所利用控制。1914年，冯玉祥的军队在西安练兵。一天早晨，当冯玉祥在台上照例进行"每日

吉鸿昌大刀

朝会问答十条"时，当他问："弟兄们，我们是谁的军队？"官兵应回答："我们是老百姓的军队！"但这时突然有一青年士兵高声回答："我们是洋人的军队！"顿时，全场大骇，冯玉祥也很震惊。这人不是别人，就是吉鸿昌。卫兵将他逮至台前。冯玉祥暗暗心奇，但还是不露声色地问道：

"你叫什么名字？"

"吉鸿昌。"

"你为什么说我们是洋人的军队？"

"信洋人的教，听洋人的话，受洋人的气，替洋人打仗，为啥不是洋人的军队？"

"现在洋人势力这么大，你这小子，难道不怕洋人吗？"

吉鸿昌愤然答道："我们都是中国人，为什么要怕洋人！我不怕洋人，我用嘴啃也要把他啃倒！"

吉鸿昌的这些话显然冒犯了冯玉祥。但是，冯玉祥是位很爱才的将领，他非常欣赏吉鸿昌这种大胆、直率的回答，因此记下了他的名字，让他归队。次日，部队全部取消神甫制。

事后，士兵们给吉鸿昌起了个绰号："吉大胆"。

一段时间后，冯玉祥成立了一个军校性质的学兵连，挑选出精明强干的士兵进行培养，以便将来充当军官，

吉鸿昌也被选来学习。从此，他和冯玉祥的接触机会多了起来。1917年，冯玉祥又在部队成立手枪连，吉鸿昌调入该队，不久擢升为手枪连连长。

冯玉祥的部队在四川南充驻防。一天，冯带着一些战士在嘉陵江边洗澡，有几个战士被水冲到深处，他们不会游泳，高喊起"救命！救命！"情况危急，当冯玉祥着急地问谁会游泳，快去抢救时，吉鸿昌一面答着："我会水！我去救！"一面跳到江中。其实他根本不会游泳，很快也淹在水中，亏得会水的士兵及时赶到，才把他和几个不会水的士兵救上岸来。冯玉祥暗暗称赞吉鸿昌这种见义勇为、舍己救人的品格，故意问他道：

"你不会水扑向江心，就不怕淹死吗？"

吉鸿昌红着脸说："当时只想救人，别的都忘了。"

冯玉祥拍拍吉鸿昌的肩膀，连声夸道："你真是个名副其实的'吉大胆'啊！"从此"吉大胆"的绰号便在军队中流传开了。

率师响应北伐

　　吉鸿昌在冯玉祥的军队里历经沙场征战，虽然战功辉煌，但他看见帝国主义支持下的军阀混战连年不断，心情十分沉重，忧国忧民之心日增无减。

　　1924至1927年，在中国大地上爆发了一场席卷全国的革命运动。这场革命运动声势之浩大，发动群众之广泛，在中国近代史上是前所未有的，人们称它为中国"大革命"。以推翻帝国主义和北洋军阀在中国的统治为目标的大革命是一场民族民主的大革命。冯玉祥原是直系军阀吴佩孚的部属，他在大革命高潮的推动下开始倾向革命。在第二次直奉战争中，冯玉祥暗中酝酿倒戈反直，发动了"北京政变"。这时，吉鸿昌任第11师22旅43团的一个营长，参加了"北京政变"中驱逐溥仪及清皇室出宫等行动。冯玉祥的倒直及倾向革命，沉重地打击了北洋军阀的反动统治，深为北洋各实力派所忌恨，

中华爱国人物故事
ZHONGHUA AIGUO RENWU GUSHI

各帝国主义也不断地向其施加压力。1926年1月1日，冯玉祥在英、日等帝国主义及张作霖、吴佩孚奉直两派军阀的压迫下通电"引退"，后赴俄游历。

1926年7月，北伐战争在"打倒列强，除军阀"的雄壮口号中正式开始，北伐军在两湖战场很快取得重大胜利。北伐胜利进军，给冯玉祥很大的影响。

9月15日，冯玉祥由苏联回国。在共产党人的推动下，冯玉祥联合国民军第二军、第三军，组成"国民军联军总司令部"，出任总司令兼第一军军长，响应北伐。9月15日在绥远省的五原誓师，发表宣言，接受革命的三民主义，主张反对帝国主义和封建军阀，提出"平甘援陕，联晋图豫"的战略方针，任命吉鸿昌为第2师36旅旅长，去解西安之围。此时，吉鸿昌虽不在五原，但他得知消息后，立即召集部队，宣讲孙中山的三民主义和联俄、联共、扶助农工的三大政策，并率部参加北伐。11

吉鸿昌在行军途中

024

1924年的直奉战争中,直系因冯玉祥发动"北京政变"而失败。11月17日张作霖邀国民军首领冯玉祥在天津日租界下野皖系首领段祺瑞家中会谈,决定拥段为"临时执政",到北京主持政务。史称"天津会议"。左起:梁鸿志、冯玉祥、张作霖、段祺瑞、卢永祥、杨宇霆、张树元。站立者吴光新。

月25日,吉鸿昌率部长途跋涉赶至西安城郊,与友军一起,将围困西安8个月之久的镇嵩军刘镇华部团团围住。当时天寒地冻,部队缺粮少弹,士气很低。吉鸿昌见此情景,立即从司令部走进战壕鼓舞大家说:"北洋军阀祸国殃民,是人民的敌人,而刘镇华是北洋军阀的走狗,被围在城里的人正等待着我们去消灭他。"说罢,立即脱下棉袄,和士兵们一起在战壕里挨冻,大大鼓舞了士兵们的斗志。经过三天激战,刘振华一败涂地,向临潼、渭南方面溃退。11月28日，西安之围被解。吉鸿昌率领第36旅所取得的胜利，受到人民群众的赞扬。当时民间传诵有这样的歌谣："城里两只虎（指李虎臣、杨虎城），不如西来一只鸡（鸡是吉的谐音）。"

1927年4月，武汉国民政府决定将国民联军改名为国民革命军第二集团军，任冯玉祥为总司令职。吉鸿昌所部扩编为第19师，辖55旅张印湘、56旅徐福胜，直属队辖手枪队、骑兵连、工兵营、迫击炮营，吉鸿昌任师长，归孙良诚指挥，由潼关出发继续北伐，会同国民革命军其他友军进攻河南。吉鸿昌率所部一举攻克洛阳，继又占领北县，与奉系军阀沿黄河南北形成对峙局面。这时，正值黄河汛期，河水暴涨，当地流传着"黄河天

1925年，吉鸿昌任内蒙古特别区绥远都统署骑兵团长兼警务处处长。中共北方区委派宣侠父到国民军中开展政治工作，吉鸿昌开始阅读进步书籍，初步接受共产主义思想的启蒙。

冯玉祥出师潼关

险水深暗流多，从无英雄夜间渡黄河"，使许多官兵望而生畏。但是，在侦知敌情后，吉鸿昌果断地说："敌在对岸把守，我们只有趁敌不备，立即强渡黄河！"他派人四处搜寻船只，但渡河船已全部被敌军破坏，无一只完好。他即令士兵们全部出动搜寻材料，集中由工兵连制成一只只大木筏。他集中部队，号召士兵参加"夜渡黄河敢死队"，自任队长。木筏扎好，吉鸿昌将三百多名敢死队员带到江边，动员说："奉军在黄河那边欺压老百姓。我们是敢死队，不怕死。要夜渡黄河，早日消灭他们！我是队长，给你们带路。兄弟们，跟我上！"说完，他将衣服一脱，大刀往背上一插，手枪往武装带上一别，纵身跳进波涛滚滚的黄河里。敢死队员见师长身先士卒奋不顾身，十分感动。吉鸿昌站在齐腰深水中，推着空油桶划水前进，敢死队员紧紧跟上。在炮火掩护下，他率敢死队用空油桶和木筏连夜渡过黄河，迅速占领了滩头阵地，以迅雷不及掩耳之势，将黄沙峪渡口奉军哨所包围缴械。据俘虏供称，营部仅距此三里。先锋部队当即前进端掉奉军营部，俘虏营长，命令其所部放下武器。吉鸿昌得知进展顺利，于是令前锋团乘胜追击，立即向温县挺进。前锋抵达温县，奉军望风而逃。吉鸿昌命令部队继续向焦作方向追击，并将战况电告孙良诚。孙复电指责吉鸿昌轻率渡河，影响方面军整体作战计划，并令渡河部队迅速撤回。

吉鸿昌率部在巩县黄沙峪强渡黄河，击溃奉系军阀部队

天堑飞渡

吉鸿昌复电："部队既已渡河，绝无撤回之说，只有将渡河经过速报冯先生"。冯玉祥得知19师已渡过黄河，进展顺利，遂大为振奋，复电嘉奖，并发给19师奖金一万元。

此役后，吉鸿昌亲自手书"天堑飞渡"4个大字，在黄沙峪渡口刻石立碑以作纪念，还让参谋长题跋说明渡河经过："奉贼祸豫，屯集河北，吉公世五，7月3日夜于黄沙峪渡河，贼披靡。大城傅同善谨识。"

渡过黄河后，吉鸿昌命令所部主力一律换上奉军军服，截乘一列火车，连夜赶往新乡。经过奇兵出袭，于7月4日天亮前全歼守敌，占领新乡。他又协同友军攻占了安阳、沁阳，奉军大败而逃。由于吉鸿昌智勇兼备，连战皆捷，被冯玉祥通令嘉奖，他所率领的19师被誉为"铁军"。当时，在北伐军中曾有这样的歌谣："19师打，

第2师看，18师跟着吃洋面。"

吉鸿昌的政治表现和19师的威名遭到了西北军中一些人的忌恨。孙良诚本就因吉鸿昌自作主张渡河，接令后拒不撤回还越级上报之事对他颇为恼怒，现如今吉部如此招摇，更让孙良诚视为狂妄之举。而吉鸿昌却说："我借此以励士气，我就指着打个胜仗，决不因他人之爱憎，令我有所变更。"1928年，孙良诚借故取消19师的番号，将吉鸿昌调到北平陆军大学特训班学习。面对着革命事业被排挤和出卖的现实以及蒋介石在"济南惨案"中的可耻表现，吉鸿昌苦闷悲愤日盛，暂归乡里。

1927年10月上旬，直鲁联军徐源泉军占据兰封车站，开封受到威胁。吉鸿昌率19师进攻该敌。经过3天拉锯战，吉部旅长张印湘、团长吴金堂先后受伤，营长以下官兵伤亡惨重。直鲁联军一营兵力，冲破吉军前沿

吉鸿昌用过的马鞍

阵地，直向吉鸿昌的师部冲来。当时师部仅有手枪队百余名，危急时刻，吉鸿昌立即脱掉上衣，手持大刀，高呼："走，跟我冲上去！"。手枪队官兵及师部的参谋、副官等人，见师长已经赤膊提刀上阵，大家也纷纷脱下军衣，紧随着吉鸿昌，挥刀发起反冲锋，经过血战，将突入之敌击退。

当晚，吉鸿昌留在一线指挥手枪队，向战斗紧张方向反复发起反冲锋。还分别给各团、各营长打电话说："谁告急谁是孬种，只有死拼！"经过彻夜激战，才将战线稳定。第二天，韩复榘部队攻占李坝集，直鲁联军放弃兰封车站，向东北方向撤退。

1927年11月中旬，第二方面军奉令向山东进军，第19师为先遣部队抵达曹县城下。曹县城高池深，护城河堤形成外廓，直鲁联军张宗昌部姜明玉防守县城。

第二方面军到达曹县后，孙良诚令第2师包围城西、南面，第19师包围城东、北面并负责攻城。11月下旬，开始攻城，姜明玉军依托城墙顽抗，19师伤亡惨重而无进展。12月上旬，吉鸿昌派大刀队夜袭东北两关，迫敌退入城内。12月中旬，19师再度攻城。吉鸿昌在北门外亲自指挥，右臂中弹受伤不退。19师所部几度攻城，久攻不克，伤亡巨大。士兵相与曰："跟着吉师长，样样全好，就有一样，活不长"。

吉鸿昌鉴于两度强攻不克，决定采用坑道爆破。凭借地形掩护，在北关外挖掘地道至城墙根，将炸药装置完毕，选拔士兵百余名编成攻城奋勇队。攻城前，吉鸿昌集合奋勇队亲自训话："轰城之时，奋勇队应不顾敌火，向城上崩陷缺口处猛冲。到达城上，分向东西两方向发展，占瞰制之利，控制全城。奋勇队上城后，汤团紧随入城。"12月下旬某日拂晓，随着轰隆一声巨响，城墙崩陷数丈，奋勇队趁硝烟弥漫之际，向城上猛冲。姜明玉军企图封锁突破口，但为时已晚。19师各部源源入城，姜明玉军眼见大势已去，缴械投降。

1928年9月25日，吉鸿昌（第三排，右八）去陆军大学学习前与同仁合影。

为做事而做官

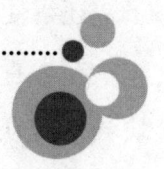

吉鸿昌做了高级将领后，始终没有忘记为民造福的宗旨，在民间中，流传着许多值得颂扬的故事。

吉鸿昌所带领的部队，都佩戴着白底红边的圆臂章，上面写着："不扰民，真爱民，誓死救国。"平时，他身体力行，诫励部队。他率领的部队，在西北军中无论作战、军纪、俭朴耐劳都是很过硬的。他时常说：我从军时，就抱定为民造福的初衷，况且我本是"穷棒子"出身，自己队伍的所作所为，不能让父老们唾骂。许多官兵在他的影响下，都严格地要求自己，有些不老实的，也慑于他威严的军纪，不敢胡作非为了。

1922年，吉鸿昌所部移驻河南。在农民们进行夏收的季节，一天，狂风骤起，眼看就一场倾盆大雨。这时吉鸿昌还在城里，他立即骑上快马，直奔农村部队驻地，命令全体官兵帮助农民抢收，并把抢收的麦子送到老乡家，等暴风雨来时已收割完了。他还命令部队把牲口借给老乡耕地，叫士兵帮助劳力缺乏的农户代耕。老乡们送马草给部队作为酬谢时，官兵们不肯收，说道："我们是吉鸿昌的部队，他不许要老乡的报酬。要是我们违犯了，还得受严重处罚哩！"

在大青山以北通往呼和浩特市之间的蜈蚣坝，有一块当地群众为吉鸿昌立的修路纪念碑，还有吉鸿昌亲手在路旁石壁上写的"化险为夷"4个大字。原来这是吉鸿昌在1926年驻军绥远、兼任省警务处处长时，发现蜈蚣坝这一南北通道要塞道路狭窄险峻，常造成伤亡事故，行人十分不便。他便自己出资，带领士兵，动员当地居民，将此路开通加宽，修成大路。当地群众非常感激，便立碑纪念，吉鸿昌亲手在路旁石壁上题写的"化险为夷"，至今屹立道旁。

在山东曹县一带至今流传着吉鸿昌亲毙战马的故事。1927年夏，吉鸿昌率部北伐经山东曹县时，他心爱的一匹战马脱缰，啃了老乡的庄稼，被老乡捉住送回。吉鸿昌当即向老乡赔偿道歉。第二天清晨，他在打麦场上集

合队伍说:"行军打仗,不许损坏老乡的庄稼,这是我吉鸿昌定的纪律。现在我的战马犯了纪律,我对不起老乡,对不起弟兄们。"说完就拉出那匹战马,亲手枪杀了。

1928年夏末,吉鸿昌的部队驻甘肃天水地区。当年,陕、甘、豫大旱,赤地千里,民不聊生,饿殍遍地。他动员士兵省吃俭用,用军粮做成馒头、锅盔,熬成米粥并亲自带头散发。他还背着干粮下乡访贫问苦。他把一些孤儿收养起来,派人用车送往河南老家,供养他们上学,还写信寄钱让家里人救济穷人。

吉鸿昌为人仗义疏财,只要知道部下或朋友有困难,必解囊相助。他常说:"财散则人聚,财聚则人散,爱钱的人,终无大志,绝做不出一番事业来。"西北军中同僚蒋鸿遇因被冯玉祥所不容,丢官之后只能寄居破庙内孤身养病,境况极凄凉。吉鸿昌闻知此事,不避嫌疑,立即派代表前往探视,并以千元相赠。蒋鸿遇叹息:"我住

"化险为夷"壁刻

庙养病以来,门可罗雀,来慰问我者,只世五一人"。

吉鸿昌疾恶如仇,对自己的亲戚也不例外。他家乡有一名叫吉星南的堂侄,仗恃他的名望,在乡里横行霸道。此人为霸占一妇女,竟把她的丈夫及母亲害死。凶手吉星南被押在县里一年多也没有办法。吉鸿昌在家乡听到群众的反映后,他向乡亲们表示:"请父老们放心,我吉鸿昌从来不做对不起乡亲们的事情。谁要想借我的名义欺压百姓,就是我的亲老子,我也绝不宽容。"他还写信质问县长:"我当师长,他杀人家全家,你不问罪;如我当了军长、总司令,他不就要杀死人家全村、全县吗?"接着,他亲自到县衙门提审杀人犯吉星南,立即宣判死刑,并把罪犯枪毙示众。这一行动大快人心,乡亲们莫不拍手称快。

吉鸿昌大义灭亲

吕潭兴办学校

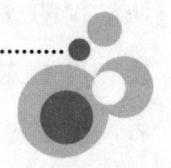

吉鸿昌出生于贫苦农民家庭，父亲吉筠亭为人正直，有朴素的爱国思想。在父亲的熏陶下，吉鸿昌从小刚直倔强、富于正义感。吉鸿昌的父亲去世前语重心长地嘱咐吉鸿昌："做官即不许发财。"此后，吉鸿昌牢记父亲遗训，他把"作（做）官即不许发财"7个字写在细瓷茶碗上，交给陶瓷厂仿照烧制。不论走到哪里，他都把小茶碗带在身上，以警示自己。

随着阅历的增长，吉鸿昌逐渐认识到在中华民族危若累卵、备受欺凌之际，发展教育，实为振兴中华当务之急。1921年，吉鸿昌升任营长后，便向在家的父亲提出办学校的建议。父亲对此极其支持，便利用吉鸿昌提供的资金，联合当地乡绅，利用吕潭镇北部的龙王庙兴办起了"吕北初级小学"。书籍文具等费用完全由校方供给，家庭特别困难者，还有衣服鞋袜等特殊补助，因而

吸收了不少贫家子弟进入学校。

1929年，吉鸿昌当上宁夏省（今宁夏回族自治区）主席后，更加热衷于教育事业，他投资在镇西北购地五十余亩，兴建新校舍，又从外地重资选聘优秀教师任教，使学校的教学设施和教学水平大大提高。当时，学校规模一度壮大，1929年，学生发展到1600名，教师百余名，被誉为"豫东第一"。

一次，吉鸿昌在全校师生大会上讲话时说："有人说我们父子是大傻瓜，有钱不置庄田给子孙造福，却大把大把地扔在学校里……我办学有两种想法：一是培养大量的人才，才能使国家昌盛，不受帝国主义的侵略；二是我看古往今来，当武将的很少有好下场，一旦跌倒，难免家灭满门，财产充公。所以我想，与其叫别人充公，何如早些我自己把它充公，给国家、给老百姓办一点有益的事业。"他还说："当兵保国杀敌是爱国，庄稼人种好地多打粮是爱国，当学生读好书，锻炼好身体，将来成为国家有用之才同样也是爱国。"

吉鸿昌在西北军当了高级将领后，他时常用这样的话来提醒自己："我从军时，就抱定为民造福的宗旨，如今有了相当的职位，绝不能背弃既定的心愿。"他经常给学校添置图书和实验仪器，每次从部队回家，都吃住在校，以校为家，还亲自给师生们讲课，对学生进行爱国主义教育。有一次，他给全校师生讲话说："国家虽贫穷落后，但我们绝不自甘落后，要学好知识改变国家的面貌，要为国为民争气。"

为了加强对学校的领导工作，保证教学质量，吉鸿昌先后派自己的亲信秘书郝子固、马遐福担任校长，并高薪聘选外地有名望、有真才实学的人到自己创办的学校任教。直到牺牲前他仍关注学校的建设。他在遗嘱里殷殷嘱托："该校属'吕潭地方学校'，是为'教育地方贫穷子弟而设'，虽'款项由父兄捐助'，但'非先父兄私产也'……"几十年来，这所学校，为党和国家培养了一批批的优秀人才。

中华人民共和国成立以后，这所学校先后为"吕潭完小"和"吕潭中学"，1978年，为了纪念学校创始人吉鸿昌将军，弘扬爱国主义精神，将学校改名为"吉鸿昌学校"。

保西北,促团结

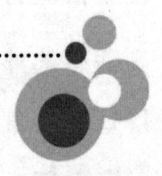

1928年秋,马仲英拥数万之众围攻河州。冯玉祥调部队平叛,令吉鸿昌接管佟麟阁的11师,继续与马仲英等匪部作战。当时回汉关系十分紧张,马仲英残暴至极,烧杀抢掠无恶不作,导致回汉仇杀时常发生。吉鸿昌整顿军纪,不准妄杀百姓、取民财物。这时,有群众派代表向吉鸿昌反映他所接收的部队有违反纪律的现象。他们抢掠钱财,打骂百姓,还有一个连长奸污民妇。当部队开至一个大沙滩时,吉鸿昌命令部队打开背包进行检查,结果从老百姓那里抢来的东西都暴露出来。为整饬纪律,他命令将强奸民妇的连长及作恶的18人当即枪毙。他对大家说:"我们为救国救民而入伍,决不能容忍这些孽种为非作歹,欺压老百姓。如不严惩,就对不起老乡们,更对不起自己的父老兄弟。今后谁再欺压老百姓,就是这样的下场。"由于部队纪律整顿好了,得到人民的信任，不到一个月，部队由一千多人发展到一万多人。

马仲英见势不妙，遂四处流窜，窜洮岷，扰渭源，攻陇西，陷武山，据伏羌。平叛大军追至伏羌时，马仲英部又北窜秦安。翌日，吉鸿昌率部赴秦安途中，悄悄折往天水，于黄昏时分入城。入城后，吉鸿昌作以下部署：四门以内地区，各配置步兵一团，各团派便衣部队潜伏城关，将山炮拖上鼓楼，炮口对准城门方向；以留守处伤愈官兵百余名，配合县保安队，上城守卫，鸣锣

> 1928年秋，土匪马仲英部祸行甘宁，百姓怨声载道。时任第8师师长的吉鸿昌奉命接管佟麟阁的11师，继续与马仲英作战。吉鸿昌对回族群众采取安抚、团结、保护政策，消除汉回民族隔阂，深受广大回族群众的拥护和爱戴。吉鸿昌立"惩前"碑以示除暴安良之决心。

041

击鼓，以示空虚；待敌逼近城垣，炮兵接到发射命令后同时发射；炮击过后，潜伏城关的便衣部队向当面之敌出击，各团迅速增援，敌如退却，分途穷追。

　　第二天一大早，马仲英叛军冲到城下大喊大叫："开城不杀不烧，如果打进城去，鸡犬不留。"吉军不为所动。正午时分，吉鸿昌见敌已逼近城垣，便下令炮兵开炮，炮击过后，部队立即出击。叛军遭此打击，猝不及防，掉头便走。11师枪炮齐发，叛军伤亡惨重，自相践踏，溃散遍野。一部分叛军窜至西南山口，企图绕山逃走。但前有炮火封锁路口，后有大批追兵，叛军进退失据，伤亡惨重。吉鸿昌率部一直追击到岷县，马仲英部立不住脚，遂率残部向西宁逃窜。

　　1929年初，马仲英攻陷宁夏，西北震动，刘郁芳急调吉鸿昌率部进剿。吉鸿昌奉令由镇番经凉州、古浪、中卫向宁夏兼程前进。师抵广武，侦知敌在大坝以西山地布防，便以李抡祥旅为右纵队，吉鸿昌率李松昆旅为左纵队，向大坝前进。前锋团长轻敌，致使该团被敌

吉鸿昌任宁夏省主席时的照片

吉鸿昌任主席时使用的印章

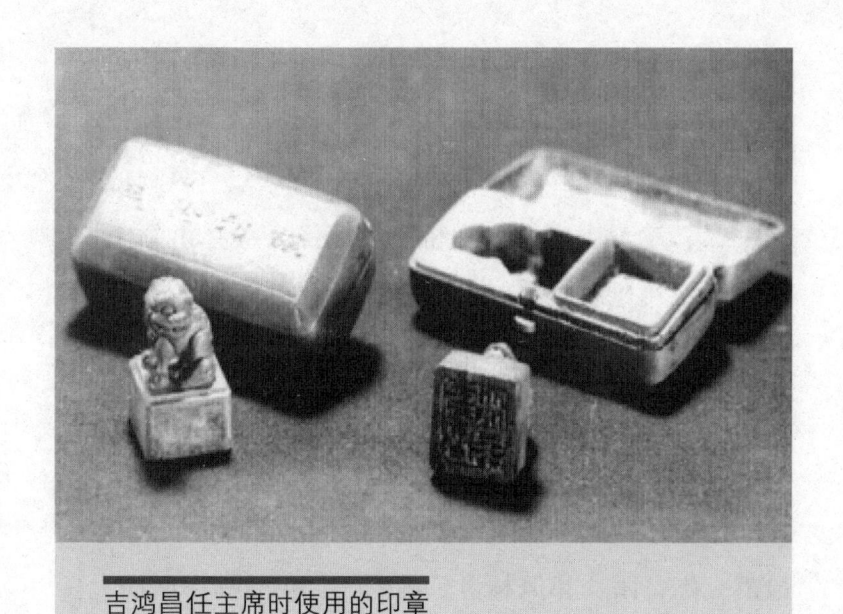

军冲击下来。吉鸿昌眼看情形危急，立即持刀到一线督战，立斩两名溃兵，始稳住阵脚。

次日，吉鸿昌重新集结部队在大坝以西占领阵地，叛军已据守大坝以南大桥，沿汉渠东岸布防。吉鸿昌集合部队训话："今天打仗，只准胜不准败，如果不把敌人打跑，大坝就是我跟弟兄们葬身之地。"讲话毕，便慷慨激昂地向官兵发问：

"今天打敌人你们有种没种？"

"有种！"

"你们要孬不要孬？"

"不要孬！"

"敌人打得跑打不跑?"

"打得跑!"

吉鸿昌立刻袒臂持刀,高声下令:一、祁凤林团按一、二、三营次序,向大桥敌人冲锋,务必占领大桥;二、团长祁凤林带第一营冲锋,第二营继第一营冲锋,我带第三营冲锋;三、冲锋时只准向前看,不准向左看,不准向右看,不准向后看,违令者处死;四、炮兵先开炮,炮声一停,步兵立即冲锋。

传令完毕,全体官兵皆脱掉上衣。吉鸿昌下令开炮,炮声一停,团长祁凤林虽足部受伤,仍骑马率队向大桥方向冲去,一时杀声震天。叛军在大桥两侧,筑有机枪阵地,第一营尚未到达敌阵地前,已伤亡大半。吉鸿昌

1929年,吉鸿昌在就任宁夏省政府主席仪式上与同僚合影

1930年2月，吉鸿昌（前排中间坐高凳者，左一）与陕西韩城各界人士代表合影。

命令第二营继续冲锋，二营到桥头附近时，吉鸿昌即刻率第三营冲上。叛军挡不住吉鸿昌所部前仆后继的猛攻，大桥终被吉军夺获。守桥叛军沿汉渠向宁夏方向逃窜，吉鸿昌挥刀率队追击，颇有斩获。马仲英见大桥失守，遂放弃宁夏，向西北方向逃窜。

收复宁夏后，由于敌人长期煽惑造成的恐惧，省城的回族百姓几乎逃跑一光，当地的汉族人也吃尽了马仲英叛军的苦头。当吉鸿昌率军进城以后，一个警察枪杀了一个没有逃跑的无辜回族人，吉鸿昌知道后，立即把这个警察予以正法，并发出告示，保护和安抚回族百姓。他还派出大批政工人员，到各乡回民聚居地召开群众大会，宣传只分良莠、不分回汉的道理，做进一步的稳定

工作。随后,吉鸿昌又召集回族百姓,宣传其尊重回族人民,保护回族宗教的诚意。同时,他又派人制作大幅标语、宣传画等张贴城乡,广为宣传。这样,回族百姓才渐渐回城的回城,还乡的还乡,宁夏的社会秩序逐渐安定下来。

吉鸿昌在各县及乡镇贴出通告:"父老们,你们有困难的事情吗?请到省政府来,我一定想办法。"不久,省政府就门庭若市了,自晨至晚,百姓来见吉鸿昌的络绎不绝。大事有关人命案的,小事有偷鸡盗狗的,也有因生活困难来求助的。吉鸿昌一一接见,并派副官负责招待,派书记笔录,转令各主管机关呈复。百姓皆称吉鸿昌是个好主席,很想替百姓办事。

1931年3月10日,吉鸿昌(三排,左一)出席陆军第三师财政委员会第一次全体代表大会。

吉鸿昌将银川舞台改名人民大剧场，时常请百姓看戏，借此向各界群众宣传，他说："宁夏驻军不能固守城防，致使百姓生命财产遭受重大损失，我进兵迟缓，又令百姓多受痛苦，百姓以血汗供应军队，军队不能保护百姓，这是我们的失职之处、也是愧对百姓之处，以后当竭力保卫地方，使百姓安居乐业，特请诸位前来，表达此意。"他还说："回汉本无仇恨，全是历来当权者故意制造纠纷，以利于他的统治，万勿再受欺骗自相残杀，致使家破人亡。"

1929年7月，吉鸿昌赶走腐败害民的宁夏省（今宁夏回族自治区）主席门致中后，将11师和门致中的第7军合编为第10军，自任省主席兼军长。7月24日，吉鸿昌宣誓就职。蒋介石得知消息后，曾派人送来"委任状"。吉鸿昌当场把"委任状"撕得粉碎，并愤慨地说："我只要人民承认，谁要你的委认！"

吉鸿昌深知军阀、土匪严重害民，吏治黑暗，他在担任宁夏省（今宁夏回族自治区）主席后，下决心整顿，大刀阔斧地进行了军队和吏治改革，并广泛宣传只分良莠、不分回汉的政治主张。为除掉吏治黑暗，他组织了考察队分赴各县考察，力求为民兴利除害。为消除回族人民的疑虑，促进回汉团结，他还时常穿着回族服装到清真寺和回族百姓家中，了解人民疾苦，深受当地群众爱戴。在吉鸿昌任省主席期间，宁夏有了一番新气象，这更激发了他决心在广袤的大西北做一番事业的雄心壮志。

在宁夏期间，吉鸿昌励精图治，在自己的照片上写下座右铭并压在办公桌的玻璃板下面：

公正纯洁，为做事而做官

训练民众，使知四权，运用政治

注重下层工作，适合一般民众需要

吉鸿昌和宁夏回族人民在一起

在宁夏期间，吉鸿昌要为国为民干一番事业，决心开发西北，提出"开发大西北"的口号。基于当时的政治觉悟和思想水平，他认定：开发广袤富饶的西北，实为中华民族解决生活问题的一条好出路。要"化剑戟为农器，舍破坏而生产"。他自任开发西北总指挥，决心以宁夏为基地，将自己的抱负付诸实施。他在部队成立了拂晓读书会，组织团以上军官参加学习，后又扩大到营以上军官。经过学习，一些家在中原、不安心在西北服役的官兵安下心来，愿为开发西北贡献力量。吉鸿昌立志开发西北的壮举，受到西北民众的支持和拥护。

吉鸿昌常对妻子胡洪霞说："你多么幸运啊，生在一个小康之家，还能读书上学，可是咱们从甘肃、陕西到河南，所到之处，都是民不聊生，饿殍遍野，惨不忍睹。我扪心自问，于心何忍？国家兴亡，匹夫有责。国家这样落后，百姓这样贫穷，咱们也有责任啊！"

他还说："我国地大物博，百姓勤劳勇敢，只要好好干，铲除了骑在百姓头上的贪官污吏，不愁不能富强起来，咱们得有点儿中国人的骨气，中国是有希望的。"

但在当时的中国，他个人这种良好的愿望只是根本无法实现的幻想。时隔不久，他又重新卷入了国民党新军阀混战的漩涡。

感悟苏区之行

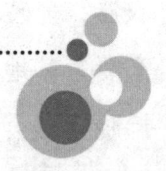

1930年3月,冯、阎、桂三派联合反蒋,即爆发中原大战。吉鸿昌开发大西北的理想成为泡影,也被卷入国民党新军阀的混战,他率部开往豫东作战,曾重创蒋军,打了不少胜仗。但战争终以冯阎失败而结束,冯玉祥被迫下野,西北军为蒋介石收编。蒋介石为笼络智勇双全的吉鸿昌,任命他为22路军总指挥、兼任第30军军长、第30师师长。

此时,吉鸿昌看到新军阀混战把人民推向水深火热之中,内心痛苦万分。他的这种心情,在以后所写《环球视察记》的序言中表现出来:"民国成立以来,无岁不战,无地不战。民众固极痛苦,官兵亦多牺牲。我也曾摇旗呐喊,身经百战。除躬亲受伤多次外,我的弟弟已战死;我的胞侄已战死;我的最亲爱而可怜的袍泽,因参加战役而死伤者,亦以万数。然一问偌大高价所买何物？实仅不过'内忧外患，愈逼愈紧'八字，馈遗后死者享受。我除了无限悲痛而外，还有什么可说？"

随着中原大战的结束，1930年11月，蒋介石调集十万大军对中国共产党领导的中央革命根据地进行第一次军事"围剿"，并用九个多师的兵力进攻鄂豫皖根据地。吉鸿昌所部驻扎在豫东南潢川、光山一带。蒋介石派特务冷欣来部队任高级参议，严密监视吉鸿昌，要他进攻鄂豫皖根据地。吉鸿昌也很清楚蒋介石的阴谋诡计，但是，他盲目地遵从"军人以服从命令为天职"，仍奉命向鄂豫皖苏区进犯。部队在红军面前连吃败仗，士兵纷纷开小差逃跑，从未打过败仗的吉鸿昌大为震动。部队撤回后，他愁眉不展，踱步彷徨，思绪万千：我这支号称"铁军"的部队，无论是在北洋军阀前，还是在蒋介石的精锐部队面前从没吃过败仗，为什么却败在装备简陋的红军手里呢？这些打败我吉鸿昌的，到底都是些什么样的人物呢？为

中原大战前冯玉祥（左一）、蒋介石、阎锡山合影

什么我吉鸿昌的部队一到，老百姓就远远躲开，有的甚至拿起武器跟自己作战呢？为什么红军一到，他们却一个个争先恐后地送信带路，抬运伤员呢？吉鸿昌从这一失败中不但认识了红军力量的强大，同时也更加认清了蒋介石借刀杀人，消灭异己的毒辣阴谋。

吉鸿昌为寻求真理，第二天便化装到苏区访察。鄂豫皖苏区到处呈现着军爱民、民拥军的动人景象，打土豪、分田地开展得热火朝天。这使他耳目一新，深受感动。当时苏区负责人深知吉鸿昌出身贫苦，军纪严明，进攻苏区不过迫不得已，便派沈泽民、徐海东等同志接待他。通过交谈，使他明白了许多革命道理。分别时，他激动地说："我出身行伍，戎马半生，身上受轻重伤二十余处，但这些血都不是为工农大众流的，而是为军阀流了！前半生已矣，后半生当直追。掉进泥坑的人想爬出来真不容易，我是用眼泪和鲜血才找到了'阶级革命'这4个字的。"

中原大战示意图

吉鸿昌从鄂豫

中原大战前，冯玉祥的部队在潼关红场整装待发

皖苏区回来的当夜，他满怀思绪地坐在营房，提笔在记事本上写下"顿开茅塞"4个字，躺在床上，久久不能入睡。苏区的动人情景一幕幕浮在眼前，于是，他自言自语地说："看来共产党领导的红军，才真正是乡亲所盼望的人民子弟兵。难道我吉鸿昌还要再为蒋贼卖命吗……"他又坐起来，在刚刚写下的4个字下面添了一句话："投错了门路，就要拔出腿来！"写罢，才感觉稍舒宽些。

从此以后，吉鸿昌采取和红军和平共处的方针。尽管蒋介石一再电促吉鸿昌进攻鄂豫皖革命根据地，但他总是以各种借口按兵不动。实在拖不下去了，他就密派一团士兵化装成红军游击队，半夜鸣枪攻打潢川城关，又派部队迎击，然后上报：红军主力逼近潢川，城防难保，无力"进剿"。有时，被迫出发进攻根据地，也是虚打几枪，丢些枪支给红军，兜个圈子回来。

据当时在他的部队中任职的中共地下党员路跃林回忆：光山、潢川毗邻苏区，鸿昌同志在一间密室里指着苏区方向说："真正的出路在那边，这个仗咱们不能打，如果搪塞不过去，就冲天放枪，做做样子。"

在潢川，吉鸿昌还经常对部下说："国民党的饭不能再吃下去了，国民党的官也实在做够了。我文官做到省主席，武官做到总指挥，究竟给老百姓办过多少事情？今后必须摆脱这个肮脏的环境，另辟新的生路。"

这时，在上海的党中央军委军政情报部根据吉鸿昌的思想发展，决定派地下党同志与吉鸿昌进行秘密联系，策动吉部起义，实行兵变，把部队拉到根据地。

> 光山县司马光故居院内石狮上刻有吉鸿昌"国将不国，尔速醒悟，睡狮猛醒，领导民众"的题词，表达了对国家与民族命运的忧虑。

瑞金中央苏区旧址

几天之后，吉鸿昌托"病"离开部队去上海"就医"。根据党组织的安排，他在上海找到了地下党领导同志，并同他们进行了长时间的交谈，后又安排他再到江西中央苏区参观考察。临行前，还送他一些马列著作和毛主席的文章，热情地鼓励他尽快走上革命道路。

离开上海后，他经过一番改扮，穿过仙霞岭，直入武夷山，经过闽西山地到达了毛主席亲手开创的第一个革命根据地——江西瑞金中央苏区。在这里他见到了当时在中央苏区负责财政工作的毛泽民同志。经过多方面考察，使他得出一个结论："共产党和红军深得人心。"在他离开中央苏区时，新参军的红军战士正源源开赴前

线。他亲眼看到了母送子、妻送郎参军的感人场面。刚接近苏区边界,他就听到了震耳欲聋的炮声。国民党发动军队疯狂地围攻苏区,红军战士以简陋的武器、百倍的勇气痛击敌人,英勇地捍卫着苏区的每寸土地。这时,他才明白了自己进攻苏区失败的原因。他感慨万千地说:"怪不得我被打败了。在这样的对手面前,莫说是我吉鸿昌的一个'铁军',就是十个、百个也会变成烂泥巴浆啊!"

吉鸿昌怀着眷恋之情离开这片红色的土地,回到信阳军次。一下火车,同事和部下都拥上前去迎接。他们开口第一句就问道:"总指挥病治好了吗?"吉鸿昌爽快地回答:"好了!好了!我到上海遇见了一位'神医',

吉鸿昌在中原大战期间为阵亡部下题词"双烈"

真是医到'病'除，妙手回'春'啊！"回到光山县，吉鸿昌为了抒发自己的感情，在司令部（当时的县衙）门前石狮上题词"国将不国，尔速醒悟，睡狮猛醒，领导民众"，并将此词让石匠刻上，至今这对石狮还保存在光山县文化馆。

第二天，吉鸿昌便召集贴心将军开会研究，准备起义，将部队拉往苏区。此时，蒋介石亦获悉吉鸿昌将"赤化"的消息，认为他同共产党有勾结，但又慑于吉在部队里颇有威望，不敢立即将他除掉，于是派特务头子冷欣任第22路军总参议兼总指挥部政治部主任，带着特务和电台来到潢川，名为协助整训部队，实则对吉军监视、分化。用金钱、官位收买吉鸿昌手下团以上军官，让他们给吉鸿昌捣乱，意图瓦解部队。

吉鸿昌认为部队在中原作战中伤亡很重，要求对装备、弹药进行补充。冷欣推说连年内战，消耗过巨，现在补充有困难，但对驱使22路军进攻大别山苏区却振振有词。

吉鸿昌在了解到冷欣在背后瓦解部队的种种行径后，觉悟到投蒋是走错了路，同时也因为觉悟到进攻苏区是上了蒋的当，从此22路军与苏区暗中达成了罢兵休战的默契。吉鸿昌思想有了很大转变，他曾不断地对接近的人说："我过去长期参加军阀混战，不知伤害了多少人民，罪孽太深，我必须走革命的道路才能赎我的罪。"

1931年初，蒋与吉之间的矛盾日益尖锐。蒋对22路军首先施行了经济压力，连续有一两个月扣发部队经费，吉鸿昌派人多方奔走联系，才勉强领到一部分菜金和给养费。当年8月，中央军向潢川进逼，迫吉鸿昌交出部队。吉鸿昌内外交困，被迫交出兵权，出国"考察"。

在被迫离开部队前，他曾暗中对其可靠的下属做了应变的布置，如交给第88旅下面的两个团长各5000元军费，嘱咐他们："必须时刻小心，见机行事，必要时你们可以把红旗一打，将队伍拉上找徐向前去。"但由于他们对中国共产党和中国革命形势缺乏正确的认识，并未按吉鸿昌的指示去做。

永安公墓人文纪念公园雕塑：吉鸿昌。

被迫出国"考察"

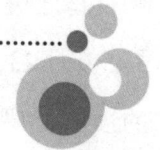

吉鸿昌借助"进攻"苏区的机会，几次给红军输送武器的情况，终被蒋介石察觉。想杀害他，怕逼出乱子来；若任其自由行动，又怕纵虎归山。遂于1931年8月把他解除军职，逼迫出国"考察"。在离开部队那天，群众冒雨相送，队伍长达十余里，吉鸿昌何忍去国远游，无奈挥泪告别。

1931年9月，吉鸿昌在特务的挟持下来到上海。正当要启程时，突从东北传来"九一八"事变的消息。吉鸿昌在旅馆痛哭流涕，他把为出国而新做的西服扔在地上，拒绝出国。他对周围的人们说："祖国山河沦陷，日寇肆意入侵，正值全国同胞总动员与豺狼作殊死战，为我国家争人格、为民族争生存之日，我何忍心去国远离，逍遥异域？"他向蒋介石要求参加抗战，却遭到无理拒绝。蒋介石命人将吉鸿昌的妻子胡洪霞先强行送上船，

迫使吉鸿昌出国。他曾愤慨地对朋友说:"国难当头,报国有期,蒋贼不灭,革命不息。"临行前,他还写信给冯玉祥,劝他举旗抗日。他在所住饭店墙上写下"但使龙城飞将在,不教胡马度阴山"的诗句,以表自己的愤慨和抗日之决心。

9月23日晚,吉鸿昌怀着满腔爱国热情和对日、蒋的愤恨,离开了祖国,踏上美国大来邮船公司"塔夫脱总统号"轮船。

9月25日晨,轮船抵日本神户。吉鸿昌深恶日本的侵略行径,原本"不愿登临彼土",因惦念祖国东北局势,便决定登岸后便驱车前往东京中华青年会了解情况。在日本短暂停留,使吉鸿昌了解到日本对中国东北的侵

1931年,日军发动"九一八"事变

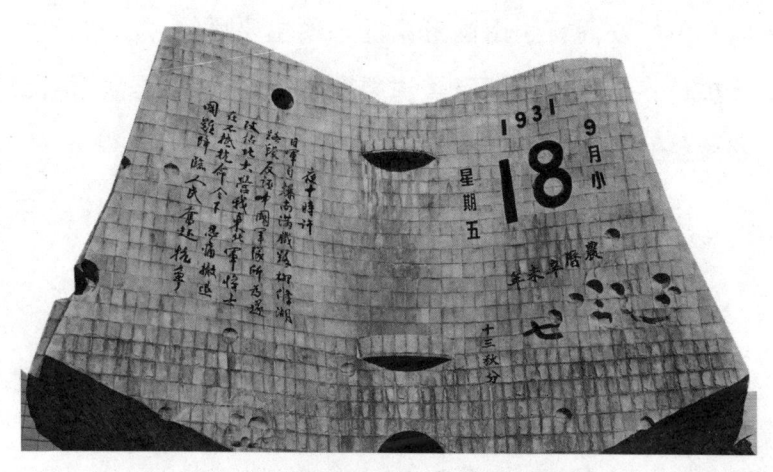

"九一八"事变历史博物馆残历碑

占实属"狼子野心，蓄积已久"。继而想到国内蒋介石之流仍在进行内战，他心情更是沉重。他在其《环球视察记》中写道：

"日谋东省甚久。最近因我国内灾患频仍，无力对外；英国经济濒于危机，无暇过问远东事情；俄国五年计划，尚未完成；而美国之军事力量，又为日本素所轻视者，日军阀遂视为侵略我国之绝好机会。惜我国军人不明了此种动机，预事未雨绸缪，乃或纵横，从事武力统一，或视军队为资本，侥幸经营投机事业，致铸成大错。"

"中国军人，迷信武力，对内厮杀，目的何在？殊难索解。现值大祸临头，倘仍不思合作图存，中华民族前途，将愈黯淡也。"

9月27日，吉鸿昌离日赴美。在轮船上，他与同行

的几位好友商订了出国考察的三项主要目的：（一）、宣传抗日；（二）、了解欧美主要资本主义国家的经济情况和社会生活；（三）、寻找机会到苏联学习。

在旅行中，为了力求节俭，约定了几项原则：

（一）不乘坐车船上的头等席位。

（二）不住高级旅馆，不进高级饭馆吃饭。

（三）不包乘专用汽车，尽可能乘公共汽车或电车。

（四）不和外国官方来往。

（五）不购或少购外国商品。

10月6日，吉鸿昌一行抵达西雅图，辗转到纽约、芝加哥、华盛顿、底特律等大城市参观访问。

在国外，先后有美联社、世界日报等记者问：

吉鸿昌无奈乘"塔夫脱总统号"，含泪登舟离开上海。

"贵国政局如何？"

"敝国有一成语'兄弟阋于墙，外御其侮'。现在大难当头，全中华民族皆有联合方能图存，私人政见皆可摒弃。统一不久必可实现。"

"将军对日本进兵占领满洲，意见如何？"

"日本自明治维新以来，即抢一大陆政策。鲸吞满洲，早具野心。今乘敝国苦于天灾人祸，世界苦于经济凋敝之秋，实行强占，直接侵略中国领土，间接破坏世界和平。"

"日本人有飞机大炮，中国人此时声言要抗日，你们凭什么抗日？"

吉鸿昌愤然拍着胸脯答道："我们有热血，我们有四万万人的热血。我国人民的愤激已经达到极点，莫不抱有宁为玉碎，不为瓦全的决心，誓愿牺牲一切，为生存

而战，为公理而战！"

接着，他反问这个美国记者："举世都知道是日本侵略中国，你们美联社为何造谣说中国人民要求日本出兵？"

记者说："我们是写新闻的，新闻是忠实记录。此次满洲事件发生后，只见有日方之宣传材料，并未见有中国之宣传材料……"

吉鸿昌说："你们是狗嘴吐不出象牙！"记者一时弄不清楚这句话的真意，还当是句赞扬的话，连声道："谢谢！"一时传为笑谈。

11月4日，吉鸿昌在纽约接见世界日报社记者。

记者问："中国将来有何方法驱逐日兵出满洲？"

吉鸿昌说："中国人民之热血，现在因抗日火焰之燃烧，已滚腾至沸点以上，将来一旦与日宣战，不难一举而征集数百万义勇军。我国有形之军器，虽较劣于日本，然就无形之军器，即所谓士气与民气而言，却优于日本百倍。师直为壮，曲为老。观于合众国

之能战胜强英，则知我国之终必能胜日本也。"

讲毕，不容对方提出新的问题，吉鸿昌便指着对方的鼻子质问："美国新闻界对于'九一八'事变的报道，为什么偏袒日本？你们是不是受了日本政府的贿赂？"问得美国记者张口结舌，无言答对。

在美国，吉鸿昌的民族自尊心接二连三地受到深深的刺激。在西雅图，他被告知当地头等旅馆不接待中国人，而对日本人却奉若神明。在纽约，他在一座博物馆里看到，所陈列的物品全是从中国掠夺或搜罗去的。为什么中国人这样被看不起？为什么帝国主义分子能任意取走中国这么多东西？他时常冷静地思索着。

一天，吉鸿昌穿着整齐的军装，和随行人员一起在纽约大街上漫步。有个美国人突然上前问道：

"你是日本人吧？"

"不，我是中国人！"吉鸿昌反感地高声回答。

那美国人听了不信，说："中国人是'东亚病夫'，哪来这样高大魁梧的军人？"

吉鸿昌听后，铁青着脸喊道："不，中国人不是'东亚病夫'，我就是中国人！"

有一次，他要往国内寄衣物。美国邮局的某职员竟然说："不知道中国。"吉鸿昌异常愤怒，刚要发作，一些洋奴便劝他说："你若说是日本人，便可受到礼遇。"

吉鸿昌怒目斥道:"你觉得当中国人丢脸?十足的洋奴,我却觉得当中国人很光荣,很自豪!"回到旅馆后,吉鸿昌气愤得连饭也吃不下。随行人员劝他不必这样,他愤慨地说:"侮辱我吉鸿昌,我并不在乎,但我是代表中国到这里来考察的,因此受侮辱的不是我个人,而是整个国家、整个民族!"停了一阵,吉鸿昌又说:"从明天起,我外出时身上就挂一块'我是中国人'的牌子,也让外国人知道,我们中国人是有志气、有民族自豪感的!"说罢他找来一块半尺来长的硬纸板,写上"我是中国人"5个大字,又在下方注上英文。此后凡是外出,不管是在街上行走还是出席宴会,他都把这块牌子挂在胸前,有人围观他,他照样昂首阔步,不为所动,显示出做一个中国人的骄傲。

吉鸿昌在底特律时,福特飞机制造厂的经理得知他是一位将军,就乘机兜揽生意,并且立即领他到仓库去看货。不料那些飞机全是第一次世界大战剩余的旧式飞机,这位经理还一再说愿意贱价出售。吉鸿昌当即以讽刺的口吻回答:"我劝你们还是将这些东西送进化铁炉里好了。"

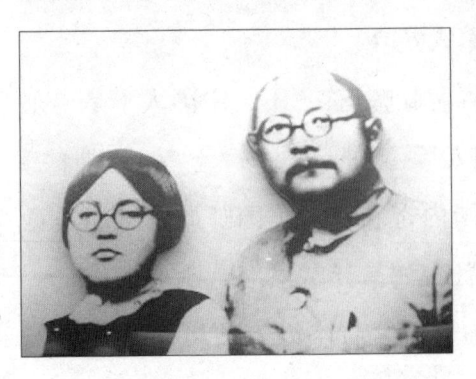

吉鸿昌夫妇

吉鸿昌在参观福特汽车制造厂时，一个美国大资本家对他说："我们美国汽车制造厂规模宏大，能够制造各式各样的汽车。中国只要多修筑公路，购买美国汽车是最经济的办法，比你们自设工厂要合算得多。何况你们没有技术，也自设不了工厂。"

吉鸿昌轻蔑地一笑，说："美国过去也没有汽车，你们的汽车也不是从天上掉下来的。中国今天没有技术，明天就会有的，中国人又不是笨蛋，相信总会有一天也会有大工厂，会自己造汽车。"

1931年11月8日，吉鸿昌抵达古巴首都哈瓦那宣传抗日救国。11月12日，驻古巴侨胞在哈瓦那中华戏院开会，纪念孙中山先生诞辰日。与会的侨胞有数千人，主办方邀请吉鸿昌做抗日演讲，他说："日本侵略中国，早具野心，惜国人醉生梦死，埋首内战，致元气亏伤，援敌以隙，故今日之事，人民不负任何责任，亡国家者，少数军阀官僚耳。但人民须知，中国者四万万人民之中国，非少数军阀官僚之中国。国家亡，则就骨吸髓之人兽，腰缠万贯，拥有巨资，可远走高飞，过其资产阶级之亡国奴生活，而吾等平民，岂能出国门一步，国存受军阀官僚之剥削，国亡作帝国主义之牛马，当此千钧一发之际，作人与作牛马，间不容发，望及早团结，用热血拥护祖国。"当时，听众怒发冲冠，高呼："牺牲一切，奋斗到底!""倭寇从中国滚出去!""打倒日本帝国主义!""打倒卖国贼!"吉鸿昌又讲道:"可恨以蒋介石为代表的军阀官僚,醉生梦死,丧权辱国,不但自己不抗日,还不准别人抗日!我作为一个抗日军人,积极要求去东北抗日,却被他们赶出国门,怎不叫人痛心……"吉鸿昌悲愤交加,泪如泉涌。列会侨胞,也都同声大哭,当即一致通过了"请政府即日对日宣战,旅古华侨愿牺牲生命财产援助,请国内各派牺牲私见,团结对外"及"誓死保全中国领土"等4项决议。

11月28日,吉鸿昌乘船赴欧洲,先后到过英国、法国、比利时、卢森堡、德国、丹麦、瑞典、瑞士、意大利等国,向各地侨胞积极宣传抗日。

在国外,吉鸿昌利用记者的采访,以事实揭露了日本侵略中国的种种罪行,并斥责国联纵容日本侵略中国和蒋介石对日妥协的丑恶行径。一路上最让他感动的是,

吉鸿昌一行环球视察时拍摄的照片。

1931年，吉鸿昌（左二）与古巴使馆工作人员合影。

当他为抗日募捐时，侨胞们踊跃响应，列队捐献。每到一地，留学生们就把吉鸿昌包围起来，争问国内抗日情形。吉鸿昌感动得热泪盈眶，向侨胞们表示，回国后誓要献身疆场，把日本鬼子赶出中国去。

与此形成鲜明对照的是，虽然吉身在海外，但国民党当局对他的监视和限制仍无丝毫放松。旅行途中，吉鸿昌曾多次要求使馆签证去苏联参观，并为此曾在德国等了半个月。由于国民党驻欧各使、领馆的百般刁难，不予签证，这一夙愿，终未实现。悲愤之下，吉鸿昌挥笔疾书：

"渴饮美龄血，饥餐介石头。归来报命日，恢复我神州。"

重获政治新生

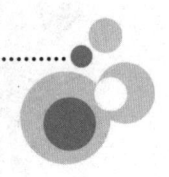

1932年1月28日，日本帝国主义悍然进攻上海，发动了震惊中外的"一·二八"事变。

吉鸿昌闻讯再也待不住了。他未经蒋介石许可，摆脱特务监视，踏上了归途。在轮船上，他对外国记者说："我国有一成语：'兄弟阋于墙，外御其侮'，现在大难当头，全中华民族皆觉悟。唯有联合，方能图存。私人政见，皆可摒弃。全国统一，不久必可实现。"这位记者连声赞叹："一个真正的中国人，一个真正的将军！"

2月25日晨，船泊九龙，即乘渡轮往香港。吉鸿昌回首"港九割租之痛史"，写道：

"江山犹是，人民依然。而主权已非我有，未识何日方能重靓汉衣冠也。"

"吾人如再不发奋淬厉，从建设事业着手，尚复有何面目高谈革命，吐骂帝国主义耶？"

2月28日下午2时,他们所乘坐的轮船抵达上海。这时,停泊吴淞口外"排列整齐之日军舰十余艘,正集中炮火,向我吴淞炮台扫射"。而国民党军舰却悄然躲在港口里,连一炮也不放。

船驶入吴淞口后,吉鸿昌凭栏眺望:偌大的上海几乎完全笼罩在硝烟之中,"吴淞全市,尽成瓦砾;浦西建筑,亦多破毁;江湾迤西,火光熊熊,黑烟阵阵",吉鸿昌不禁吟出:"但使龙城飞将在,不教胡马度阴山。"今日贼竟深入我的家门,刀割我们的胸脯,而我们军人之辈,能不愧心吗?他恨不得立即跃马挥刀,冲入敌阵,杀他个落花流水,人仰马翻。

察哈尔民众抗日同盟军在行进中

在他整理出版的《环球视察记》这本书的末尾，吉鸿昌压抑着满腔悲愤，写下乍返祖国时的感怀：

"及抵沪，承多友迎馆于一品香。偶询国事，知各派分道扬镳，明争暗斗，较前加厉。已是伤心！乃夜静更深，又只闻帕帕之麻将声，呀呀之清歌声，与闸北一带轰轰之炮声，遥相应和。'商女不知亡国恨，隔江犹唱后庭花。'民族颓唐堕落，不图竟至于斯，当环游各国时，每闻见他人之长处，辄回忆及国人之短处。虽其刺激为间接的，已不胜其悲愤。乃走进国门，凡目所见，耳所闻者，竟无一非亡国灭种现象。且较去秋离沪时，有过之无不及，孤灯明镜，偕影晤坐，默念国家前途，心胆全为破碎。吾书至此，吾手已栗，吾喉已哽，吾泪竟不禁夺眶而出。吾不得已，即于此结束吾之游记。呜呼！是岂余等出国时所料及哉？是又岂余等返国时所及料哉！"

吉鸿昌回国后，蒋介石便搜罗了一批他在西北军时候的旧幕僚，到上海去劝吉鸿昌"回心转意"。

　　这些说客装作十分关切的姿态对吉鸿昌说："你出国考察了一圈，一定会感到兴办实业的重要，咱们可以一块开办工厂，开办'托拉斯'！"

　　吉鸿昌毅然谢绝他们的"好意"，并说："我是军人出身，军人救国的天职是卫国杀敌，不是发财！"

　　吉鸿昌暂时在上海住下了。经多方帮助，吉夫人也随后回国。他很快和党组织开始接触。他向原在西北军中当牧师、当时给共产国际驻中国代表人员当翻译的中共党员浦化人表示了要参加革命的心愿。随后，他又与上海党组织的代表见了面，并商谈了开展抗日救国的计

　　1933年初，日本侵略军占领东三省后，又出动海陆空军一起炮轰山海关，抗日守军苦战3日，终因寡不敌众，山海关陷落。但却从这里响起了长城抗战第一枪。这是29军在喜峰口抗击日军。

划。

不久,吉鸿昌从上海回到天津,随即上书汪精卫,报告在国外考察经过,及侨胞关心祖国、愿为抗日救国牺牲生命财产的热情。但汪精卫对于赋闲在家的吉鸿昌未予理睬。

这时,吉鸿昌同天津地下党取得了联系,并常在一起谈论国内外形势及抗战前途,以及怎样才能救国救民的道理。他如饥似渴地努力学习马列著作和毛主席的文章,并坚决要求加入中国共产党,立誓要为无产阶级革命事业献身。他痛心疾首地对党的地下组织负责人说:"我再也不能在外面'流浪'了,渴望早日投入党的怀抱。"1932年4月,由吴成方同志介绍,吉鸿昌在北平光

日军于1933年2月进攻长城一线,伺机进占冀东,抗日将士组织了500人的大刀队,夜袭敌营,杀敌千人。

荣地加入了中国共产党，从此踏上了新的革命征程。

吉鸿昌入党后，党组织立即交给他一个重要任务，号召旧部起义开到苏区去。他冒险只身潜入到蒋管区的腹心地域湖北宋埠、黄陂一带，试图把部队拉到苏区。不料，这时他的旧部大多已被蒋介石分化瓦解，拆散改编，组织起义已很困难。但他想到党的关怀和信任，想到自己是一个共产党员，内心便产生出一股不可抗拒的力量。他首先在最贴己的第30师90旅贺文宪的一个团里稳住了脚。这个团的大部分官兵过去曾跟着他身经百战，饱尝了蒋介石及其嫡系部队的欺压凌辱和冷眼看待，早已埋下了仇恨的火种。吉鸿昌向他们讲述了蒋介石投降卖国的种种罪恶行径，指明："只有共产党才能救中国。"这样，已埋下的火种很快就燃起了烈焰，于是吉鸿昌便带着他们直奔鄂豫皖苏区。但是，蒋介石已经得到了吉鸿昌回部队策动起义的密报，急令鄂豫皖三省"剿匪"司令部参谋长曹浩森对吉鸿昌进行诱捕。当时鄂豫皖苏区的红军已转移到川陕边界山区，吉鸿昌率部赴川陕边界时陷入蒋军重围。情况紧迫，吉鸿昌只好决定带上30师的一个团奔向苏区。由于敌人四面围追堵截，起义失败。最后，他只带着十几个人，冲出敌人的重围，进入鄂豫皖革命根据地。

吉鸿昌率部起义的计划虽未成功，但他丝毫没有灰

心，他说：

"这次起义虽然失败，却使我的脑袋瓜子开了窍。有许多事情，过去自己觉着已经明白，可是明白里头还有糊涂。虽说干革命的决心早就下了，做起事来还只是想到自己的部队，忘记了人民的力量。这回才算真明白了，才算认识了救国的真正道路；只有服服帖帖地跟着共产党走，被压迫的贫苦人民才能出头，中国才能得救。光要个人英雄是不行的。往后我要从头做起，献出我毕生的力量去干！"

好男儿舍身报国

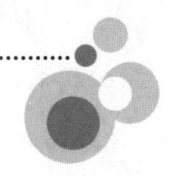

宋埠起义失败后,遵照党的指示,吉鸿昌又到天津搞抗日统一战线工作。在去天津途中,他路过泰山,以老部下的关系动员冯玉祥出山组织武装抗日:"在国难当头,民族危急之秋,我等不能再留恋隐居于深山之中,自享清福,应该拿起枪来,一致对外。"一席话深深地打动了冯玉祥。吉鸿昌在这里见到了蒋介石捉拿他的"通缉令",内心感到无比自豪,他说:"全中国人民的头号敌人这样恨我,那就是说,我吉鸿昌已经和人民站在一起了,我的路子越走越正确,越走越光明。"

在民族危机加深,全国民众抗日高涨的形势下,冯玉祥结束了在泰山的隐居生活,于1932年10月来到靠近抗日前线的张家口,愿与共产党人合作抗日。

1933年1月1日,日军进犯山海关。3日山海关沦陷,日军大肆屠杀中国军民。2月,日军纠合伪军共10

万人，分三路向热河进犯。3月4日，日军侵占了热河省省会承德。日军占领承德后，即进抵长城各口。驻长城内外的中国守军，在全国抗日热潮的推动下，自动奋起抵抗，给骄横的日军以沉重的打击，为中华民族争得了光荣。当时，"驱逐日寇，收复失地"的呼声响彻华北。"组织起来，一致对外"成为全体军民的共同愿望。

此时，吉鸿昌毁家纾难，变卖家产，拿出6万元秘密购买武器，积极联络各地零散的抗日武装，做起兵抗日准备。

3月25日，吉鸿昌乘火车到达张家口，在张垣土尔沟"爱吾"与冯玉祥促膝长谈，冯玉祥决定给吉鸿昌编一个军。中国共产党为便于领导察哈尔抗日，已经成立

1933年6月，抗日同盟军代表合影

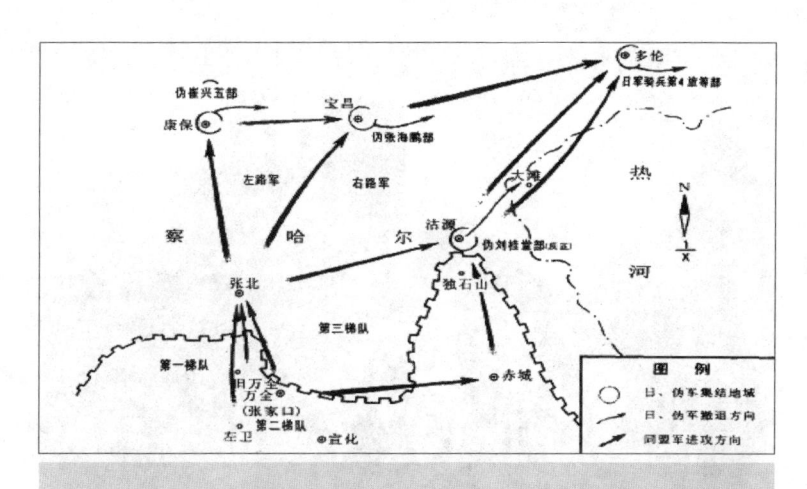

察哈尔民众抗日同盟军察东战斗示意图（1933年6月21日—7月2日）。

了张垣特委。特委派出吴化之与吉鸿昌联系，担任将由吉鸿昌统率的抗日部队的政治部主任。

为了争取孙殿英的41军抗日，吉鸿昌按照特委的意见，面见了孙殿英。凭着在西北军时的"交情"，吉鸿昌向孙提出要人要枪组织抗日军。孙殿英吞吞吐吐不做明确答复。一日，吉鸿昌应孙之邀请在温泉洗澡，挥手在壁上题写了"洗耻"二字，对孙晓以大义。

1933年5月26日，吉鸿昌以中国共产党代表身份同冯玉祥等抗日将领在张家口成立"察哈尔民众抗日同盟军"（察绥抗日同盟军），将部队编为4个军，推举冯玉祥为总司令，佟麟阁任第1军军长，吉鸿昌任第2军军长，兼代察哈尔警务处处长、张家口警备司令。吉鸿昌

中华爱国人物故事
ZHONGHUA AIGUO RENWU GUSHI

1933年,日军开始沿长城向关内进犯

的部队约四千人,主要由察哈尔义勇军,以及地方自卫部队、抗日民众武装及招募的爱国青年组成。同盟军宣布对日作战,坚决收复失地。28日,方振武"率数万健儿"在援察途中通电响应。"察哈尔民众抗日同盟军"成立后,全国纷纷响应,不久,队伍就由几千人扩大到十几万人。

塘沽协定后,日军大举进攻察哈尔,察哈尔省的形势日益危急。国民党热河省主席汤玉麟率部投降日本,迎接张海鹏、崔兴武等伪军进入沽源,分道南犯。6月4日至6日,宝昌、康保失陷。6月20日,吉鸿昌就任前敌总指挥，亲率同盟军主力，兵分三路进击日伪军。6月22日克复康保，7月1日攻克宝昌。吉鸿昌的英勇和强有力的政治攻势，使得许多伪军携械来归。盘踞沽源的伪军头目刘桂堂投诚，张海鹏、崔兴武诸伪军残部鼠窜多伦。沽源又告克复。

吉鸿昌在给总部的电报中表示："誓以一腔热血，努力迈进。与其怕死偷生而生也痛，孰若赴义以就死其死也荣。"

7月4日，吉鸿昌得到情报：蒋介石与日军取得默契，由日方出兵夹击同盟军。吉鸿昌不给敌人以喘息的机会，猛追逃敌，直逼多伦。进军路上，他向部队做政

1933年7月，在吉鸿昌指挥下，察哈尔民众抗日同盟军收复多伦。

治动员，曾即兴赋诗：

> 有贼无我，有我无贼。
> 非贼杀我，即我杀贼。
> 半壁江山，业经改色。
> 是好男儿，舍身报国。

多伦地处滦河上游，是察哈尔、绥远、热河三省之间的交通枢纽，地理位置十分重要。日寇占领热河后，小柳津便指挥日军精锐部队及伪军李寿山、崔兴武等部，于5月1日侵据多伦。后得知同盟军成立，敌为固守多

民众抗日义军在堡垒内守望，配合正规军作战

抗日守军出城赴战

伦，又将茂木骑兵第4旅团及由长城以南撤至承德的重炮队全部调入，并令汤玉麟、索华岑二部集结丰宁黄旗一带，日军西义一第8师团进驻丰宁，互为犄角之势。日军在这里构筑了八卦炮台32座，还建了交通沟、木桩、电网、碉堡等防御工事，每一处可能攻城的地方，都有交叉火力严密封锁。吉鸿昌决心沉重打击敌人，收复多伦。

7月5日，吉鸿昌指挥部队向多伦城外围进攻，节节胜利。7月7日晨至城下。8日激战至下午6时，迫敌退入城内。9日拂晓前，吉鸿昌发布攻城命令，敌城外大部分据点被占领。但由于多伦城地坚固，敌火力猛烈，进

攻受阻，同盟军损失多人还未能接近城墙。夜间，吉鸿昌亲临攻城的部队，召开军事会议，最后决定改在夜间攻城，这样可以减少伤忙。攻城时间定在第二天晚上十点。

进攻又一次开始了，官兵们都奋不顾身地朝城墙冲去，由于多伦守敌已有准备，火力非常猛烈，同盟军官兵还是靠不上城墙。

吉鸿昌当机立断，决定组织敢死队攻城，他向战士们说："我们这支常胜的抗日军，岂能打不下一个小小的多伦城？现在咱们就组织敢死队，我打头！不怕死的举起手来！"吉鸿昌亲率敢死队，勇猛爬城3次，但还是未能奏效，伤亡200多人。

天色大亮后,日伪军出动飞机开始猛攻。吉鸿昌判断出,这是敌人发动反攻的前奏,他迅速命令部队做好战斗准备。果然,飞机离去后,一大批伪军冲出城来。吉鸿昌见机行事,命令一边迎击,一边开展政治攻势,在阵地喊话劝降。

果然,不少伪军听了喊话动摇起来。吉鸿昌抓住这个机会,叫副官率领几十名蒙古族士兵穿上伪军的服装,混进了敌军部队,一起退到城里去了。

当天夜里,吉鸿昌再次亲自带领敢死队队员接近城墙,并依靠城内的士兵,里应外合,使城内秩序大乱,日伪军在惊慌之中向城外溃窜,经过3小时的激战,同盟军由南、西、北3门冲入城内,日伪残部由东门逃走。经5昼夜的苦战,12日终于收复了多伦。各地救国联合会、抗日后援会等团体纷纷来电祝贺,组织慰问团,到多伦慰问抗日部队。平津各大报纸均以第一版大字标题,刊登吉鸿昌克复多伦消息。

佟麟阁

中华爱国人物故事
ZHONGHUA AIGUO RENWU GUSHI

吉鸿昌塑像

沸腾的多伦人民，兴高采烈地欢呼胜利，欢迎抗日同盟军进入多伦。人们不约而同地聚集到吉鸿昌率部入城要经过的南堡门外，夹道欢迎。吉鸿昌向欢迎的群众发表了热情洋溢的讲话，告诉他们国家是四万万人的国家，多伦是各族人民的多伦，抗日同盟军是抗日救国的军队，要收复国土，拯救民众。吉鸿昌的讲话受到了群众的欢呼。

多伦城的收复，震惊全国。冯玉祥将军得到消息后，立即发电报嘉奖和犒赏。各救国团体及爱国知名人士纷纷打电报来祝贺胜利。章太炎先生发表谈话说："近世与外国战，获胜者有之，地虽一寨一垒，既失则不可复得矣。得之，自多伦始。以争一县，死将士几千人，虽在一隅，恢复之功，为九十余年所未有。"的确，多伦城是

086

自"九一八"事变以来,中国军队从外国侵略者手中收复的第一座城镇。吉鸿昌智勇双全,巧克多伦,功不可没。

15日,抗日同盟军与多伦民众在山西会馆召开万人大会,庆祝收复多伦。会上,吉鸿昌宣读了察哈尔民众致前线军民的贺电和冯玉祥总司令的贺电,并向到会的民众和士兵介绍了专程由张家口赶到多伦慰问抗日同盟军的御侮救亡会代表。

25日,在中国共产党领导下,华北御侮救亡会代表大会在张家口开幕,抗日同盟军总部成立了收复东北四省计划委员会,准备进一步收复失地。抗日同盟军高级

山西会馆戏楼

吉鸿昌在抗日同盟军时使用的马具

军官均为该会委员。

察北四城的收复，极大地鼓舞了全国人民的斗志。然而，蒋介石却反诬同盟军破坏"国策"，令何应钦派重兵大举进攻察哈尔。到20日，进攻的兵力达到18个师。吉鸿昌与抗日同盟军各将领联名发表通电，谴责南京政府的卖国行径。通电说：

"誓以战士之碧血，渲染塞外之秋草？四省不复，此志不渝，愿全国民众共起图之。"

8月上旬，抗日同盟军身处日军和国民党中央军的大包围之中，国民党的军队达16个师，20多万人，包围大军节节进逼。与此同时，何应钦又从抗日同盟军内部进行收买瓦解，致使同盟军内部发生动摇。冯玉祥苦于内外形势及个人困难处境，于8月14日不得已而下野，被迫离开张家口。同盟军被分化，一些将领先后叛变，最后只剩下吉鸿昌、方振武两部抗日不屈。他们在张家口附近的老君庙开誓师会，改"抗日同盟军"为"抗日讨贼军"，方对吉说："现在就剩下我们两个了。"吉鸿昌斩钉截铁地说："不！我们的人很多，弟兄好几万，民众有四万万，从表面上看我们是有点孤立，但这是暂时的，因为我们抗日是正义的事业，民众拥护的事业，四万万民众和我们在一起，胜利是属于我们的。"他又转向参加会议的将领们："为军人者，如果在国家危亡之秋，把枪杆别在裤带上；在敌

吉鸿昌在张家口

人杀我同胞时，忍心袖手旁观，能对得起全国父老兄弟吗？……"众军官一个个被吉鸿昌慷慨激昂的演讲所打动，一致表示："一定跟随吉将军，坚决抗日到底。"部队随后举行宣誓："举义之日，已有死志……齐心协力，誓死报国，既不辞玉碎于强敌，更何求瓦全于汉奸？"会后，每个将士都佩带了"誓死救国"的臂章。

誓师后，吉鸿昌正与部下商议离开沽源进军热河的作战计划，这时宋哲元受蒋介石旨意派代表送来"劝降信"，意思是：只要吉、方二人能答应坚决放弃抗日，把抗日军交出来，可委任吉鸿昌为多伦、沽源、宝昌驻军司令，方振武为军事委员会委员，并可"资送出洋"……吉鸿昌嘿嘿冷笑一声，当场撕了个粉碎，对那位代表说："请回去告诉你的主子宋哲元，我吉鸿昌不稀罕什么高官厚禄，只希望他告诉蒋介石，不要妨碍我的抗日行动。"

电影《吉鸿昌》剧照

吉鸿昌正要起兵向热河进军，国民党及日伪"进剿"部队已逼近沽源城下，"讨贼军"陷入重围。吉鸿昌采用声东击西战术，派一部佯攻商都，主力暗向长城线上靠拢，轻取独石要隘，收复丰宁，"讨贼军"全部进入长城，攻克密云后，进入怀柔县城。何应钦急调万福麟、关麟虞、商震，勾结日寇夹击"讨贼军"。行至牛栏山，大批日伪军杀出，吉鸿昌对官兵们说："弟兄们，现在蒋介石和日本人搭伙来打咱们了，我们都是中华民族的好男儿，全国四万万同胞在看着我们，咱们宁可拼死，也决不当亡国奴。不怕死的跟我来！"他第一个挥舞大刀，呐喊着冲入敌阵。当部队退至顺义县二道关一个空山谷时，遭到日、伪、蒋围困，日本飞机狂轰滥炸，血战九昼夜，弹尽粮绝，士兵们只好采集野杏干、青核桃充饥。吉鸿昌和方振武为了保存抗日实力，应平津各友善团体倡议，冒着生命危险，离开部队到国民党32军军部驻地同商震谈判。这时蒋军正与日寇勾结，商讨聚歼"抗日讨贼军"

吉鸿昌塑像

抗日同盟军开赴前线抗日

计划。

1933年10月7日,吉鸿昌同方振武来到商震驻地。一下马,护送他们的手枪队便被缴械分开。吉鸿昌当即向商震提出如下条件:"保证部下的生命安全;妥善地医治负伤人员……"这些条件商震不敢答复,说要请示一下。吉鸿昌说:"那好吧!不过,你打电报时别忘了带上一笔,就说我吉鸿昌对蒋委员长不会有什么用处!"何应钦知道收买利诱吉鸿昌是徒劳,便命令商震立即把吉鸿昌押送北平审问。为防止意外,特用国际红十字会汽车押送。车开到离北平不远的孙河,吉鸿昌出奇谋放走方振武,只身慷慨赴北平。幸得友人冯欣农援救,终于脱险,潜入北平,转回天津。

恨不抗日死的将军吉鸿昌

HEN BU KANGRI SI DE JIANGJUN JI HONGCHANG

高举抗日义旗

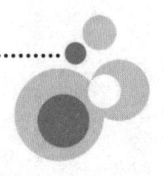

1933年秋,吉鸿昌化装秘密回到天津。为安全起见,他先住进了惠中饭店。随后,就悄悄地回到坐落在法租界的家"红楼"中"隐居",实际上是在党领导下继续开展抗日统一战线的活动,积极联络各地反蒋抗日力量,准备重新举起抗日救亡的大旗。

1934年1月,吉鸿昌与宣侠父化装秘密赴沪,与上级党组织取得联系,向党组织汇报了察哈尔民众抗日同盟军的抗日经过,并接受了新任务。从上海回津后,他革命的劲头更大了,他说:"从一个爱国者到一个共产主义者,这中间需要走过多长一段艰辛曲折的路程,可是每走一步又是多么的愉快啊!"

在津的这段日子,吉鸿昌同宣侠父、南汉宸同志和任应岐将军等,组织了"中国人民反法西斯大同盟"。这个同盟的中央委员会,有冯玉祥、李济深、方振武、任应岐等各地反蒋抗日力量的代表。吉鸿昌被推选为中央委员会的主任委员，并是大同盟内的中共党团领导成员。

　　吉鸿昌还和宣侠父等创办《民族战旗》报（后曾改名为《华北烽火》《长城》出版），作为这个大同盟的机关刊物。他那座位于法租界花园1号的住宅——"红楼"成了党组织的联络站。当时曾有不少党的负责同志，都在这幢有点神秘的红楼里隐藏过、工作过。在三层楼的一角，还设有一个小小的秘密印刷所，油印一些秘密文件，同时也是《民族战旗》的编辑室。每期刊物的出版，都是一场紧张的战斗。吉鸿昌愉快地说："我这人一辈子

吉鸿昌旧居——红楼

宣侠父

活得可真值得，工农兵学商五行我都占全了。"

吉鸿昌回到天津不久，就被"法租界"巡捕房侦知。他们在吉鸿昌家门口安上一个"钉子"。深更半夜，还有许多黑影在红楼周围晃来晃去。吉鸿昌对他们生活上关心、政治上开导。不久，那些站岗的巡捕都被他感化了。吉鸿昌每次进出，巡捕都向他打敬礼。后来，蒋日法互相勾结，跟踪的特务越来越多。一次，吉鸿昌揪住一个特务的胸口怒问："你是不是中国人？还有没有良心？我一天给你多少钞票，还一天到晚跟着当'保镖'，我要看看你这里面装的是什么东西！"

为了党的秘密印刷所免遭敌人的破坏，吉鸿昌与地下工作同志决定再次转移，秘密活动地点从"惠中饭店"转移到"国民饭店"。

3月，吉鸿昌与宣侠父等制定了中原暴动计划。吉鸿昌一面派人秘密与已进入江西苏区的两师旧部联系，加紧策反工作；一面着手准备在家乡河南发动暴动，与兵变后的部队结合起来，组成有十几万人参加的抗日义勇军，与杨虎城的部队联合，开辟西北抗日根据地。吉鸿昌还派人到南方联络方振武，请方振武北上；又派人到西安，通过王菊人与杨虎城联系，得到了杨虎城的全力支持。

与此同时，吉鸿昌还通过各种渠道，积极在各地发展人民武装自卫军组织，并通过老关系联络了一批原西北军中具有反蒋抗日和爱国思想的旧军官，秘密将这些人召集到天津，由南汉宸、宣侠父及曾任中共天津市委宣传部部长的李铁夫负责进行谈话、训练。然后，把他们分别派往西北各省，以及豫南、豫西、安徽等地，组织人民武装抗日自卫军，以配合中原暴动计划的实施。短短的几个月中，吉鸿昌重举武装抗日大旗的工作取得

任应岐（右一）和吉鸿昌（右二）

了很大的进展。

吉鸿昌的积极抗日活动引起了敌人更加密切的注意。吉鸿昌为了党组织及同志们的安全，当机立断，改变了联络地点和方法，并秘密地把印刷所转往他处。他自己也改变了作风，整天到惠中、交通大饭店以"访友""打牌""听戏"为掩护，联络各地抗日反蒋军队的代表，利用各种机会巧妙地在群众中宣传抗日救国。

当时，蜚声平津的著名相声演员张寿臣正在天津泰康商场歌舞楼(后改称小梨园)说相声。张寿臣不仅是相声艺术的大胆探索者，同时也是一位刚正不阿，洁身自好，具有民族气节的爱国者。听到蒋介石破坏察北抗日、迫害吉鸿昌的情景，极为愤慨，因此不顾个人安危，他总在开演前加一段垫话来颂扬吉鸿昌：

"国家到了危急存亡的关头，需要的是有血性的英雄。此刻我们英雄是有，可惜却无用武之地。就拿吉鸿昌来说

相声宗师张寿臣

吧，在察北抗日，杀得日寇胆战心寒，得到了辉煌的战果。我们应该竭尽所能鼓舞他，支援他，给我们民族出一口气。可是那些高高在上的大人物，一意主和，企图消灭这一部分抗日的力量，致使吉将军事与愿违，抱恨回津。这种情形，我看是与南宋秦桧主和，陷害岳飞没有什么区别的……"在讲完垫话后，他经常说的一个段子是《揣骨相》，一边歌颂"英雄骨，爱国热心，永远办事认真""壮士骨，浩气长存，大公无私为民"；一边怒斥"损骨头，残害同胞，吸尽民脂民膏；没骨头，金钱搂足，以外人为护符；大贼骨头，卖国求荣，明知挨骂

吉鸿昌雕塑

装聋。"深刻讽刺了反动政府的腐败，在观众中引起强烈反响。

有一天，吉鸿昌专门去"听戏"，吉鸿昌很亲热地对张说："人生得一知己，死也无悔。不想我戎马半生，竟在艺人当中，很荣幸地得到你这么一个知己，实在佩服你的见识和胆量。不过处在这种暗无天日的时代里，我以朋友的立场来劝告你，希望你以后在台上说话要注意些。因为你跟我所处的环境不同，假如你为这个牺牲了性命，都没有地方诉冤去。我现在是朝不保夕，危险万分，说不定哪一天就要遭他们的暗算……今天，我也不留你吃饭了，能见到你我就很高兴。过几天，我让人给

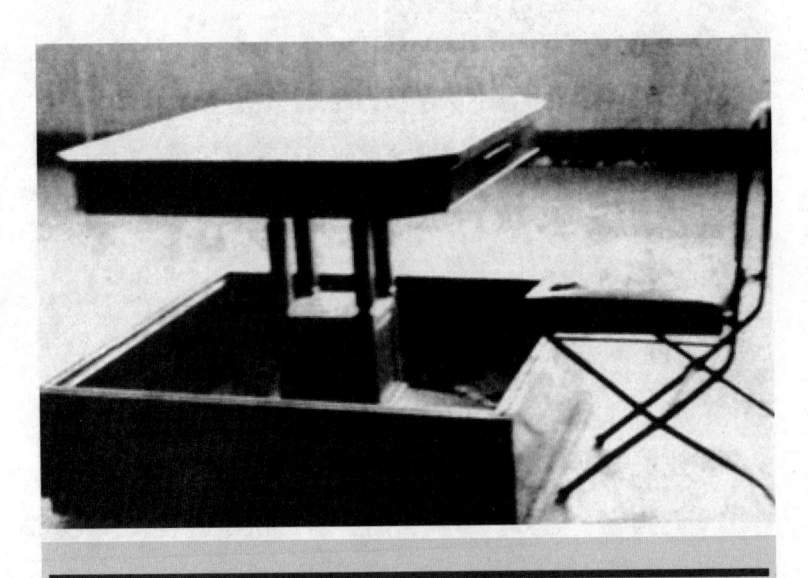

吉鸿昌在天津开展地下活动时，以打牌做掩护使用过的牌桌

你送点东西，作为纪念。朋友，咱们后会有期！"

张寿臣听了吉鸿昌的话，十分感动，怀着爱戴与感激之情，依依不舍地和他握别。

过了两天，吉鸿昌派人给张寿臣送去两本宣传抗日救国的书。

不久，就传来吉鸿昌被国民党反动派逮捕的消息，11月24日，吉鸿昌被杀害，张寿臣悲愤万分。这次会见对张寿臣的政治思想、艺术生活影响很大，张寿臣生前常用"与君一席话，胜读十年书"来形容这次难忘的会见。吉鸿昌与张寿臣在险恶风浪中建立的这种诚挚友谊，至今仍在曲苑传为佳话。

8至9月间，派往安徽进行发动武装抗日工作的同志被捕，吉鸿昌在天津组织训练武装抗日力量的活动也相继暴露。蒋介石严令北平军分会不惜一切手段逮捕吉鸿昌，同时密令复兴社特务处暗杀吉鸿昌、南汉宸等人。

党组织获悉后，安排宣侠父立即离开天津去上海；南汉宸也转入地下，旋即离津赴沪。吉鸿昌则秘密地把家迁移到英租界牛津别墅（今和平区新华南路庆云里）3号，每隔三五日，到惠中饭店或国民饭店以开房间打牌作掩护，进行秘密联络。

11月9日晚，吉鸿昌与任应岐等人借打牌为名，在法租界国民大饭店45号房内秘密同李宗仁的代表会谈。

然而此时，国民党特务已跟踪而至。吉鸿昌秘密会谈的房门被推开，国民党特务开枪射击，李宗仁的代表刘绍湘被当场打死，吉鸿昌与任应岐均身负枪伤。据当时报纸报道："暴客二人，启门向刘开枪，刘当即倒地。旋向吉鸿昌射击，伤及臂部，伤势较轻，任应岐仅手部受微伤。"

敌人行刺后，仓皇逃走。吉鸿昌意识到情况不妙，试图夺门而出走。此时，四处警笛齐鸣，饭店周围巡捕密布。吉鸿昌见脱身不能，便又转回房间。不久，租界巡捕冲进房内，以"杀人嫌疑"罪名将吉鸿昌等人逮捕。他说："我现已受伤，须到医院裹伤"。巡捕给工部局打电话，经许可后，将吉送往老西开法国天主教堂后法国医院。

吉夫人听说后，急忙赶到医院探视，看到吉鸿昌就哭起来。吉镇定自若，对夫人说："不要难过，哭有什么用，这种情形，我早已料到，你好好活下去，抚养孩

吉鸿昌在抗日同盟军失败后，化装潜回天津时戴过的帽子。

1934年11月10日，吉鸿昌被转押到天津法租界工部局办事处。

子们长大成人。你不要托人营救，都是白费事，他们既然对我已下毒手，绝没有再释放的道理。"

国民饭店遇刺后，吉鸿昌被特务严密监视起来。他设法通过一个中国女护士传话给吉夫人，让她将一些书信文件迅速烧毁，并通知有关同志迅速转移。

11月10日，法租界工部局审讯吉鸿昌，诱逼其供出天津地下党负责人名单及活动情况。一个姓窦的特务拿出一张纸条，上面写着天津地下党组织负责人名单，要吉鸿昌供出他们的下落。吉鸿昌一把将纸条撕碎，劈面砸去，冷笑一声说："真是笑话，想叫我出卖同志吗？真是瞎了你的狗眼，告诉你们，要杀要砍只有我吉鸿昌一

个!"特务狼狈不堪。

吉鸿昌被捕的第八天,吉夫人收到他托人送来的一张纸条,上面写道:"要尽快将我为了抗日而被蒋日勾结法国工部局逮捕的消息写成广告,宣传给人民。如果中国报纸不能登,就花钱登英文版的平津《泰晤士报》,在全国和全世界人民面前揭露蒋介石、何应钦卖国求荣、残害抗日志士的丑恶面目。"不几天,消息在英文版的平津《泰晤士报》上以广告形式登了出来。

蒋介石、何应钦见吉鸿昌被捕的消息传开,十分惊恐。他们怕全国舆论支持,急忙要求法国工部局引渡。11月14日,吉鸿昌、任应岐等被工部局以"通缉在案"为由引渡给国民党天津市公安局审讯。后被押往国民党

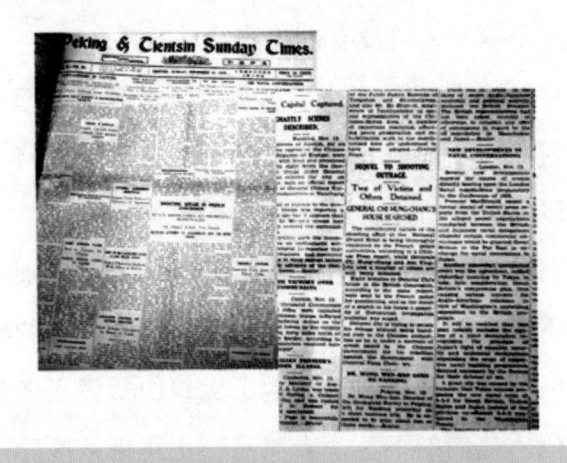

1934年11月11日,英文平津《泰晤士报》刊登了吉鸿昌被捕的消息。

少先队员们在吉鸿昌烈士墓前庄严宣誓

第51军军法处，连续受审。据报载：他们被引渡"到公安局后，由第三科提讯，吉倔强蛮骂"。吉鸿昌在第51军军部"遇有提讯时，态度倔强，骂不绝口"。

吉鸿昌深知蒋介石决不会轻易放过自己，他几次要求党组织停止营救行动："请转告党组织，不要再为我费那么大的事了。这件事我心里明白，蒋介石看透了我，就跟我看透了他一样，到他们手里，我就没想活着出去。如果党相信我吉鸿昌，那就请把这些力量用到革命更需要的地方去吧！"

英雄英勇就义

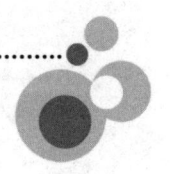

吉鸿昌在天津陆军监狱被囚禁了9天。1934年11月21日夜,党的地下组织得知蒋介石要把吉鸿昌押送南京亲自审问的消息,当即通知游击队,在山东泰安车站附近拆去一段铁轨,准备半路劫车营救。蒋介石好像发觉了勇士们的行动,密电"北平军分会",授意何应钦将吉鸿昌"就地枪决"。

11月22日,吉鸿昌被秘密押送至北平军分会军法处。当时,何应钦派人将一份印有"立即处决"的电报给他看。吉鸿昌看后轻蔑地说:"行啊!你们什么时候动手啊?"北平军分会由何应钦主持,23日,北京军分会组织"军法会审"。

何应钦:"吉鸿昌!你为什么进行抗日活动?快招出你的秘密来!"

吉鸿昌:"抗日是为了救国,这是四万万人民的事情，是最光明磊落的事情，有什么秘密？只有蒋介石和你们这帮狗奴才，祸国殃民，残内媚外，和日本暗中勾结，干些不明不白的勾当，这才有秘密，才见不得人。"

　　吉鸿昌说到兴奋处，将上衣解开，袒露出累累伤痕，说："看！这就是我仅有的一点'秘密'，是你们军队勾结日本鬼子留给我的'纪念'！看吧，这上面有你们的枪伤，有日本帝国主义的枪伤，还有你们这些人面兽心的家伙的创伤。它会回答你们的！"随后，他又对中外记者讲起了中国共产党愿意联合一切党派和军队抗日的主张以及蒋介石卖国求荣的罪恶行径。一时间，"军法会审"变成了吉鸿昌的抗日演讲会。当时，有许多记者都很同情他，纷纷交头接耳，连连赞叹。何应钦吓得浑身发抖，面色铁青，气急败坏地宣告"退庭"。"军法会审"只好草草收场。

　　在这次"会审"中，吉鸿昌受了酷刑。但他从来没有叫过一句苦，喊过一声痛。

吉鸿昌

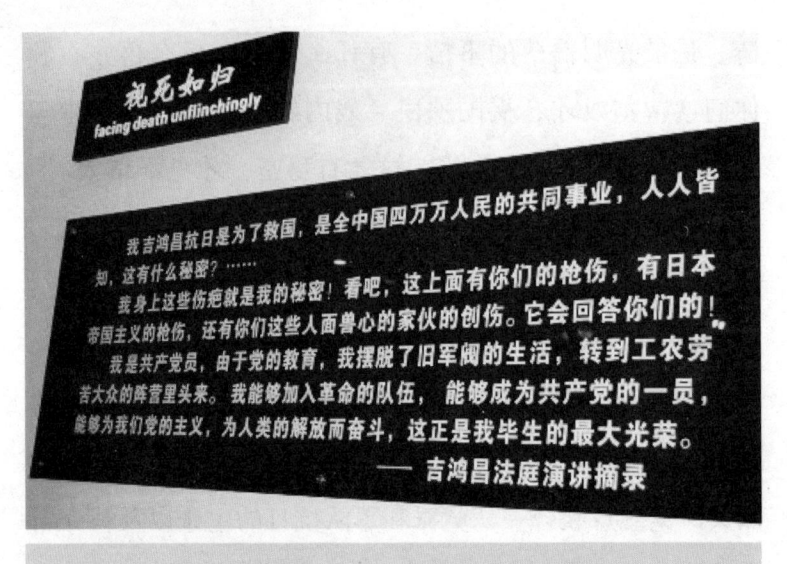

中华爱国人物故事
ZHONGHUA AIGUO RENWU GUSHI

视死如归
facing death unflinchingly

我吉鸿昌抗日是为了救国，是全中国四万万人民的共同事业，人人皆知，这有什么秘密？……我身上这些伤疤就是我的秘密！看吧，这上面有你们的枪伤，有日本帝国主义的枪伤，还有你们这些人面兽心的家伙的创伤。它会回答你们的！我是共产党员，由于党的教育，我摆脱了旧军阀的生活，转到工农劳苦大众的阵营里头来。我能够加入革命的队伍，能够成为共产党的一员，能够为我们党的主义，为人类的解放而奋斗，这正是我毕生的最大光荣。

——吉鸿昌法庭演讲摘录

吉鸿昌法庭演讲摘录

吉鸿昌遍体鳞伤回到狱中，他知道死亡在步步逼近，但他强忍伤痛，不放松每一分钟，继续向难友们宣传抗日救国的大义。他说："我要在牺牲之前尽量把自己的这一份光和热贡献给民族的解放事业。"有人劝他休息一下，他说："我要永远休息了，你让我多宣传几句吧！"

1934年11月24日，是吉鸿昌殉难的日子。早晨，何应钦按照蒋介石的电令，决定把吉鸿昌"立即枪决"。消息传来，吉鸿昌显得异常镇静安祥。他向敌人要来笔墨纸张，在膝盖上奋笔写下了革命遗书。在这封遗书中，他叙述自己坎坷曲折而终于走向革命道路的一生，痛斥蒋介石祸国殃民的种种罪行，号召人民团结起来，一致对外，抗战到底。写好后，托监刑官送给夫人胡红霞，然后交给党组织。可是，监刑官却交给了何应钦。何应钦看了后气得两手发抖，一把投入火炉中。

同日，吉鸿昌还给夫人、兄弟、朋友写了简短的遗嘱。后来几经辗转，终于到了夫人手中。

1934年11月24日，吉鸿昌就义前写给妻胡洪霞的遗嘱。全文如下：

洪霞吾妻鉴：夫今死矣，是为时代而牺牲。人终有一死，我死您也不必过悲伤，因还有儿女得您照应，家中余产不可分给别人，留作教养子女干等用，我笔嘱矣。小儿还是在天津托喻先生照料，上学以成有用之才也，家中继母已托二、三、四弟照应教(孝)敬，你不必回家可也。

1934年11月24日，吉鸿昌就义前写给兄弟的遗嘱。全文如下：

国昌、永昌、加昌等见字兄已死矣，家中事俱已分清，您嫂洪霞及小儿鸿男、悌悌由您洪霞嫂教养，吾弟念手足之情照应可也，唯兄所恨者先父去世嘱托继母奉养之责，吾弟宜竭

力孝敬不负父兄之托也。

兄吉鸿昌书

十一月二十四日十一时冲

1934年11月24日，吉鸿昌就义前写给好友的遗嘱。全文如下：

欣农、仰心、遐福、慈情诸先生鉴：昌为时代而死矣，家中事及母亲已托二、三、四弟奉养，儿女均托洪霞教养不必回家，在津托喻

1964年4月，吉鸿昌烈士墓由原籍扶沟县吕潭镇迁到郑州烈士陵园。

先生照料教育，吾先父所办学校校款欣农遐福均悉，并先父在日已交地方正绅办理，所虑者吾死后恐吾弟等有不明白之处还要强行分产，诸君证明已有其父兄遗嘱，属吕潭地方学校教育地方贫穷子弟而设款项皆由先父捐助，非先父兄私产也。永昌弟鉴：兄死矣家产由先父已分清学校款您不必过问，您嫂洪霞教养两子您能照料则照料否则不必过问，听之可也，有不尽之言大家商量办去，我心已乱不能再往下写，特此最后一信祈兄等竭力帮助生者感激死者结草鉴书匆匆不尽馀言。

吉鸿昌手启
十一月二十四日

下午1时30分，吉鸿昌慢慢披上斗篷，从容不迫地走出监狱，他视死如归，昂首挺胸大踏步走向刑场。走着走着，他突然停下来，弯腰拾起一根树枝，以大地为纸，奋力地写下了浩然正气的就义诗：

恨不抗日死，留作今日羞。
国破尚如此，我何惜此头！

写罢，他起身对执刑的刽子手厉声说："我为抗日而死，不能跪下挨枪，我死了也不能倒下！""给我拿个椅子来，我得坐着死。"特务们不敢违拗，就把椅子搬了过来。这时，执刑特务悄悄溜到将军背后，将军猛然回头，把大手一挥，命令道："到前面去，共产党员光明磊落，不能背后挨枪，我要亲眼看着敌人的子弹是怎么打死我的……"

当特务在吉鸿昌面前颤抖着举起枪时，他振臂高呼：

"中国共产党万岁！"

"中国革命万岁！"

"打倒日本帝国主义！"

在这震山撼岳的呼喊中，中华民族的抗日英雄、党的好儿子吉鸿昌同志倒在了椅子上，年仅39岁。

吉鸿昌纪念馆

当时的许多报纸敬佩地称道他"至死不屈""吉神色自若""这位愤懑不平的将军就义的时候态度从容"。

吉鸿昌被刺、被捕和就义的消息，京津各报纷纷登载出来，就连国民党政府也不得不承认吉鸿昌大义凛然、宁死不屈的英雄气概。

吉鸿昌就义后，党组织派人及时找到烈士的家属，转达了对吉鸿昌壮烈牺牲的哀悼，指出："鸿昌同志牺牲得这么英雄，这么勇敢，真是中国人民的优秀儿女，我们党的杰出战士。他的精神永垂不朽，他所献身的革命事业一定能够胜利。因为他是为真理而光荣牺牲，他全力以赴的斗争是正义的。中国人民决不会忘记他，党也会永远怀念他的。"

1945年党的"七大"时，党中央决定授予吉鸿昌革命烈士称号。

1951年，人民政府把印有毛主席亲笔题词的"永垂

> 1995年9月14日，李瑞环同志为"吉鸿昌将军诞辰100周年纪念活动"题词："忠烈千秋"。

中华爱国人物故事

吉瑞芝、郑慈云夫妇历年来撰写的回忆父亲吉鸿昌的部分纪念书刊。

不朽"的光荣烈属证书授予烈士的妻子胡洪霞。

1971年,周恩来在国务院召开的一次会议上指出:"吉鸿昌同志由旧军人出身,后来参加了共产党,牺牲时很英勇,从容就义。很有必要把他的事迹出书。"

1979年4月5日,吉鸿昌烈士纪念馆在河南省扶沟县落成。

1984年,在吉鸿昌烈士就义50周年前夕,河南扶沟人民在烈士陵园吉鸿昌事迹陈列馆前,为烈士塑了铜像;邓小平为河南人民出版社出版的《吉鸿昌将军牺牲五十周年纪念辑》题写了书名。聂荣臻、薄一波也亲笔为纪念碑题名、题词。

1995年，在吉鸿昌烈士诞辰100周年之际，李鹏、乔石、李瑞环、刘华清、张爱萍、迟浩田、程思远等党和国家领导人分别为吉鸿昌烈士题了词。

2009年9月14日，他被评为100位为新中国成立做出突出贡献的英雄模范之一。

伟大的抗日民族英雄吉鸿昌将军英勇地殉国了，他生前的遗愿已变成现实，我们的祖国已成为屹立在世界东方的巨人。他的光辉业绩将永远载入中华民族的史册中，他的革命精神和爱国精神将永远激励着我们奋勇前进！

挥泪继承英烈志，誓将遗愿化宏图。让我们缅怀先烈，继往开来，努力实现中华民族的伟大复兴，把我们伟大的祖国建设得更加繁荣、富强！

1984年2月，聂荣臻同志为中共天津市委党史资料征集委员会编辑出版的《吉鸿昌将军牺牲五十周年纪念辑》题词："民族英雄吉鸿昌烈士永垂不朽"。

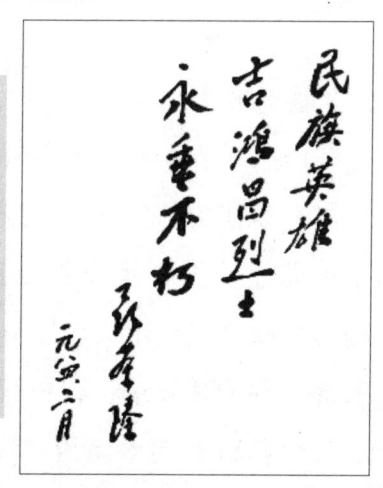

吉鸿昌被刺真相

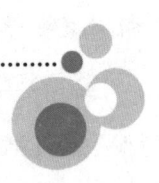

1934年11月9日，曾经担任抗日同盟军北路总指挥，浴血奋战收复多伦的吉鸿昌将军，在天津国民饭店遇刺。

这一消息迅速传遍了全市、全国乃至世界各地。但凶手是谁，不得而知。

天津解放后，1951年，天津市人民法院才将真凶吕一民绳之以法。

被迫出洋

1930年春，冯、阎、蒋中原大战爆发。吉鸿昌被冯玉祥委任为第三路军总指挥，率部在豫东一带作战，重创蒋军。但在蒋介石收买、分化和瓦解之下，冯、阎反蒋联合战线不久就四分五裂了。西北军全线崩溃，所部分别为蒋收编，吉被任命为22路军总指挥兼30军军长，防区在河南潢川、光山一带，担任"剿共"任

恨不抗日死的将军吉鸿昌
HEN BU KANGRI SI DE JIANGJUN JI HONGCHANG

在河南焦作博爱县的民族英雄纪念碑——爱国将领吉鸿昌。

务。但吉鸿昌却向其部下和士兵们宣传"枪口不对内""中国人不打中国人"等进步思想，而且在三道河给苏区写信，表示决不与红军打仗，还随时准备弃暗投明。

同年5月，蒋介石电令吉鸿昌向安徽金家寨进剿红军，并派冷欣为特派员驻吉鸿昌总部监视，而吉拿定主意就是不打内战。于是，蒋介石撤销了他的军职，迫使他以考察为名出国。

加入中国共产党

1932年2月28日，吉鸿昌回国返抵上海。他通过原西北军中的中共地下党员与上海党组织接头，不久返回天津，与华北政治保卫局取得联系。同年4月，加入中国共产党。由此被蒋介石视为眼中钉、肉中刺，决意暗杀吉鸿昌。

1934年，蒋介石一方面责成国民政府发出通缉吉鸿昌的紧急命令；一方面通过军统特务头子戴笠，派天津站长陈恭澍负责对吉鸿昌等人进行杀害。

陈恭澍受命后，深感此事重大。为了尽快完成这项任务，他与情报组组长王文经过反复磋商后，决定吸收几名"胆大心细"、善于搞特务活动的反革命分子，让他们具体执行刺杀活动。王文先来到北平，在西单商场门前，巧遇了多年未见的表兄吕一民。王文眼前一亮，这不正是最好的人选吗？

吕一民将王文引至家中盛情款待。吕一民当即表示自己愿为蒋委员长效力。

到天津不久，吕一民找到比他小8岁的本家堂叔伯侄子吕问友。在他的举荐下，陈恭澍吸收他作为情报助手。在英租界马克斯道（今保定道松寿里）弄到一所楼房作为据点，开展特务活动。至此，刺杀吉鸿昌小组成员已全部聚齐。陈恭澍负责指挥，吕一民、吕问友、杨华庭和王文执行侦察和具体刺杀实施。

吉鸿昌潜回天津，最初住在英租界的毗连处中心花园侧面红楼（今和平区花园路4号），并以此为聚会点。吉鸿昌寓所三楼的灯光常常亮至深夜，透过窗帘缝隙，人影隐约可见。吕一民等见到这种情形，即与租界工部局相勾结，准备对吉鸿昌采取行动。

1950年，镇压反革命大会在天津民园体育场召开。会上，吉鸿昌烈士的女儿吉瑞芝控诉了国民党特务杀害父亲的罪行。图为报纸上的有关报道。

国民饭店45号房内，吉鸿昌正与任应岐、刘绍湘及李干三一边打牌一边谈着工作。陈恭澍获悉后非常高兴，亲自出马来到国民饭店后门，躲在汽车里指挥这次行动。首先由王文、二吕及杨华庭在45号对面也开了一个房间。然后，为弄清第一射击目标吉鸿昌的位置，由杨弄来一个小皮球，在二楼楼道里佯作拍球游戏，当饭店茶役走进45号送水时，将球扔了进去，借找球为名，闯进室内，侦察了吉鸿昌等坐的位置。

一切准备就绪，陈恭澍命二吕执行刺杀任务，王、杨把门接应。陈最后说："只许成功，不许失败，绝不能让吉鸿昌跑了！"

实施暗杀

正在这时，屋里的牌正好打满四圈，搬庄换门。刘绍湘换到了吉鸿昌的位置，他也脱掉了棉衣，只穿一件小白褂。突然，房门大开，二吕冲进屋内，对准杨华庭报告的位置开枪便射，刘绍湘中弹当即死亡。跳弹伤及吉的右肩，暴徒正欲再次开枪，吉急扑上去踢掉其手枪，二吕见势不妙，冲出门外，与李、杨一起由西餐部仓皇逃走。

工部局巡捕闻听枪声，冲上楼来问道："谁是吉鸿昌？"吉答："我在此等候多时了！"巡捕说："请你到工部局辛苦一趟吧！"吉说："我被刺受伤，需到医院治疗。"巡捕打电话请示工部局许可后，将吉送进医院稍加治疗，后连同任应岐、李干三一同拘押于工部局。时为1934年11月9日。

真凶伏法

11月13日，孔祥熙、宋美龄由绥远经北平至津，为引渡吉对法租界施加压力，并以行贿手段买通了法工部局。14日，吉、任被引渡至天津公安局审讯，后又被押往国民党第51军军法处受审，并关押于曹家花园陆军监狱（今河北区月纬路64号）。李干三被释放。

此后，国民党中央军委北平分会头子何应钦唯恐夜长梦多，急电令天津当局把吉押解到北平。22日，吉鸿昌、任应岐及吉的连襟林少文等3人，被武装军警严密押往北平。

中华人民共和国成立后，二吕一直匿居天津。在镇压反革命运动中，二吕匪终被公安人员捕获，解送天津军事管制委员会军法处审理。审讯中，二人对刺杀吉鸿昌将军的事实供认不讳。1951年3月31日，天津市人民法院判处吕一民、吕问友死刑。

国民饭店

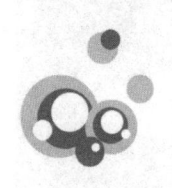

吉鸿昌题词轶事

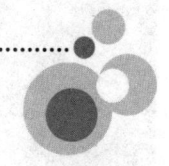

做官即不许发财

民族英雄吉鸿昌将军,在其短暂的一生中,不仅以其铁骨铮铮、英勇善战让敌人闻风丧胆,而且还以其体恤民情、正直清廉令人们敬仰。

1920年5月,吉鸿昌的父亲得了重病。吉鸿昌回家探望,看到父亲那依依不舍的眼神,知道父亲有话要讲,便说:"爹,您有啥话尽管说,孩儿一定铭记照办。"他的父亲语重心长地说:"吾儿正直勇敢,为父放心,不过我有一句话要向你说明:当官要清白廉政,多为天下穷人着想,做官即不许发财。你只要做到这一点,为父才死而瞑目。不然,我在九泉之下也难安眠啊!"吉鸿昌强忍悲痛,含着热泪答道:"孩儿记下了,请父亲放心!"

父亲病逝后,吉鸿昌即把"作官即不许发财"7个字写在细瓷茶碗上,交给陶瓷厂仿照烧制。瓷碗烧好后,

他用卡车拉到部队，集合全体官兵，举行了严肃的发碗仪式。他说："我吉鸿昌虽为长官，但我绝不欺压民众，掠取民财，我要牢记家父的教诲，做官不为发财，要为天下穷人办好事，请诸位兄弟监督。"接着，他亲手把碗发给全体官兵，勉励大家廉洁奉公。当时吉鸿昌在西北军冯玉祥部下任营长，只有25岁。

自此，吉鸿昌就将那只写有"作官即不许发财"的细瓷茶碗带在身边，用它作为一面镜子，时刻提醒自己应如何为人做事。这只碗随吉鸿昌将军走南闯北，直到他牺牲。

国魂

"国魂"二字是吉鸿昌将军最著名的题词之一，但其题词的由来却鲜为人知。

1911年，冯玉祥响应武昌起义，在滦州举行起义，反抗清廷统治。因势单力孤而失败，辛亥革命军官佐王金铭、施从云等将领英勇牺牲。北伐战争期间，冯玉祥部于五原誓师，响应北伐，其间滦州起义者郭茂震、郑振堂等将领又壮烈牺牲。冯玉祥为纪念滦州起义烈士，于1931年捐资，在泰山建"泰山辛亥滦州起义烈士祠"，意使烈士英灵与泰山永垂不朽。

　　辛亥滦州起义烈士祠建在泰山凌汉峰下，依山傍溪，绿树掩映，幽雅僻静。烈士祠为三进院落，中有前厅、后殿，侧有配房。前厅三间，周围环廊，内供祭典时用。厅东南有卧虎石，石巅有杨绍麟关于建祠始末的题刻。后殿三间，前廊式，殿内中悬"慰藉英灵"的巨匾。东有冯玉祥撰、王易门书的《泰山辛亥滦州起义烈士祠记碑》，西有鹿钟麟题书的《王公金铭、施公从云两烈士碑赞》，东西山墙上嵌有冯玉祥"救民安有息肩日，革命方为绝顶人"的隶书石碣。东西配房各三间，东

配房内有冯玉祥撰文、杨绍麟书写的《故上将郑公振堂被难记碑》，西配房内有郭茂震、张敬舆合撰的《被难记碑》。吉鸿昌为辛亥滦州革命烈士题词的石碣即嵌在山墙之上。字体端庄工整，气势磅礴，一如其为人。

作为冯玉祥将军的爱将、有"铁军"之称的北伐军著名将领吉鸿昌，对战友郭茂震、郑振堂的壮烈牺牲，既一腔悲痛，又一腔崇敬，故题写"国魂"二字予以纪念，同时抒发了自己的浩然之气。后来，吉鸿昌的革命生涯及丰功伟绩，实实在在证明了吉鸿昌将军是当之无愧的国之魂、民之魄，是万世敬仰的民族英雄。

功在度支

1929年5月，吉鸿昌率部进入宁夏，他随从亲信只带同乡何肇乾一人。当时，宁夏省政府群龙无首，各部门几乎瘫痪。

吉鸿昌就任省政府主席后，举贤不避嫌，任命何肇乾为省财政厅厅长。此人善谋略，精理财，很快就改变财政状况，深得吉鸿昌赞扬。吉鸿昌亲笔题词"功在度支"匾额赠与何肇乾，以示褒奖。

懦夫媿(愧)色

1926年，吉鸿昌参观昭君墓时题词："懦夫媿(愧)色"。两侧碑文如下："西汉当元帝之时，边祸日极，内外臣僚皆萎靡不振，怯懦卑鄙无识者之流，并无人敢挺身而□(1)，为国家捍危难者，独明妃以弱屣女子身蹈□□□(2)，其冒险精神与班定远□(3)，光辉映倚装，书此以表钦忱。中华民国十有五年五月中中州吉鸿昌世五氏题"

注：以上三处□经推敲，疑为：(1)出；(2)豺狼窟；(3)同。

中华爱国人物故事
ZHONGHUA AIGUO RENWU GUSHI